文化都昌丛书

主编 ◎ 李 懋　詹玉新

文化都昌

传说 卷

WENHUA DUCHANG
CHUANSHUO JUAN

江西高校出版社

图书在版编目(CIP)数据

文化都昌. 传说卷/李懋,詹玉新主编. ——南昌：江西高校出版社,2019.10(2022.3重印)

（文化都昌丛书）

ISBN 978 - 7 - 5493 - 7319 - 2

Ⅰ. ①文… Ⅱ. ①李… ②詹… Ⅲ. ①文化史—都昌县 ②民间故事—作品集—都昌县 Ⅳ. ①K295.64 ②I277.3

中国版本图书馆 CIP 数据核字（2019）第 006954 号

出 版 发 行	江西高校出版社
社　　　址	江西省南昌市洪都北大道 96 号
总编室电话	(0791)88504319
销 售 电 话	(0791)88522516
网　　　址	www.juacp.com
印　　　刷	天津画中画印刷有限公司
经　　　销	全国新华书店
开　　　本	700mm×1000mm　1/16
印　　　张	14
字　　　数	190 千字
版　　　次	2019 年 10 月第 1 版 2022 年 3 月第 2 次印刷
书　　　号	ISBN 978 - 7 - 5493 - 7319 - 2
定　　　价	58.00 元

赣版权登字 -07 -2019 -17

版权所有　侵权必究

图书若有印装问题，请随时向本社印制部（0791 -88513257）退换

编委会名单

主　　任　钟有林

副主任　樊珈妤　刘　红　江期论　陈长虹

主　编　李　懋　詹玉新

副主编　潘敏祚　段温泉

委　员　汪国山　李文艳　曹开东　伍菁华
　　　　　王志群　傅鸿剑　王毅群　曹晓东
　　　　　董晓霞　高秋霞　占礼军　江承纹

秀美都昌　等你点赞

——写在《文化都昌丛书》出版的时候

中华民族优秀的传统文化,深深地烙上了五千多年中华文明的印记。这些民族文化,是当代中国、当代中华民族的魂,是习近平新时代文化思想形成的根基和源头。党的十九大报告指出:"没有高度的文化自信,没有文化的繁荣兴盛,就没有中华民族伟大复兴。"弘扬和传承民族、民间的优秀传统文化,是国家的战略,是民族的呼唤。《文化都昌丛书》这套书的问世,恰逢其时。

《文化都昌丛书》展示的是都昌民间优秀传统文化的渊源和底蕴。

都昌,历史悠久,文化灿烂。汉武帝之初立鄡阳,唐武德五年(622年)置都昌。都昌有两千多年的沧桑变迁历史,是江西十大古县之一。古鄡阳、古彭蠡泽、古刹老爷庙、古道都景路等,无不留下都昌古老的风骨,见证都昌久远的辉煌。都昌承彭蠡泽的精魂,沐鄱阳水的灵气,孕育出一代又一代的精英人杰:陶母,以"截发筵宾、锉席喂马"名闻天下,成为中国古代三贤母之一;其子陶侃忠守孝悌,以"垂钓侍母"而流芳百世;南宋刘锜以寡敌众,以抗金名将载入史册;南宋江万里以身许国,举家赴止水而殉国;黄灏、曹彦约以弘扬理学的研究成就垂名于中国古代教育史。国士学子,为"举国兴邦平天下"慷慨激昂,勇于担当,铸就了都昌灿烂的名人文化。没有精英模范、英雄豪杰的国度是贫瘠的、软弱的。都昌的先贤为中华民族挺身于世界民族之林,撑起了一方天地。

"鄱阳湖上都昌县",苏东坡的千古绝句确立了都昌在鄱阳湖上的优越地位。她是鄱阳湖的"中流砥柱","北门之钥匙",位居南昌、九江、景德镇的金三角中心地带,昌九、九景高速紧绕两侧,九景衢铁路穿境而过。都昌发展再造前景,光明远大。这里有八百里鄱阳湖五分之二的水域,有"落霞与孤鹜齐飞,秋水共长天一色"的湖光山色,有凶险莫测的魔鬼湖"东方百慕大",有"沉鄡阳,浮都昌"传说中的古鄡阳遗址,有道教五十一福地苏山,有千年古村和迷宫围屋,有三尖源绵延百里的原始森林,有皖鄂赣革命根据地旧址望晓源……都昌有了风景独好的山水,就有了历代文人墨客的流连忘返。都昌的名山名水、胜景胜地、古建古迹,到处印刻着谢灵运、舒元舆、李白、苏东坡、欧阳修、黄庭坚、文天祥等人寻山问水时醉迷惊叹的吟唱。

"百里不同风,千里不同俗","入乡问俗",说的就是民风民俗因地而异的特点。都昌的民风民俗古朴淳厚、多姿多彩,极富都昌地域特色。鄱阳湖传统的湖渔风情浓郁纯真,"祭网开渔"、"栽须祭船"、祈求平安的"河灯、渔火"、闹端午的"花龙船"等彰显的尽是古朴的湖风渔俗;都昌的民风民俗以人为本,至今还在沿袭的生日、戏周、寿庆、嫁娶、丧葬、上梁、安座、出天方、拜谱年等全都是成套的人生礼仪习俗,在日常生产、生活中还传承着"宜陶则陶,宜稻则稻"的环保习俗。民风民俗是草根文化,有着最接地气、最原生态的韵味和魅力。民风民俗是一个地区、一方民众所创造的生活文化,随着社会的进步、文化的积淀,有的在继往开来,有的在隐没淡逝。这是文化长河的必然流向。

都昌的民间演艺,是一朵奇葩,是都昌非物质文化遗产的宝贵财富。都昌老戏"高腔"(即青阳腔)已被列入国家保护名录,清末发展至鼎盛;源于宋盛于清的"都昌鼓书"是都昌独有的特色乡音,成为盛行的说古道今、颂唱英模人物的民间文艺形式;百年文词戏是都昌遍地演唱的乡戏,剧本家存户有,演唱妇孺皆通;源于隋末的都昌《打岔伞》等六个民间舞蹈入选《中国民族民间舞蹈集成·江西卷》;都昌民歌《奉香茶》《红绣鞋》唱进了中南海,享誉华东六省一市。都昌的民间演艺,折射着都昌的风土人情,反映了民众的喜怒哀乐。跳一曲民舞《扎花子》,便再现了旧社会花子乞讨的苦楚;一句鼓书开唱"万贯家财都在鼓板中",道出了说书人的无奈;一首"日头哥哥快下山,俺打长工好不难"的民歌,诉说着旧社会长工的艰难。都昌不少的民间歌、舞、戏精品成了地方经典。

都昌的传统技艺,名目繁多,工艺精湛,影响深远。瓷都景德镇的文化脉根在都昌。都昌瓷业人创造了景德镇瓷业的举世辉煌。始于民国初年的珠贝业,让都昌成了闻名全国的"珍珠之乡",孕育出都昌的百年珠贝文化,珠贝产品享誉东南亚;起业于明末清初的都昌九山村的木雕工艺传授到塞北江南,能工巧匠的精湛雕技走进了人民大会堂;"都昌豆参"是独特的地方美食辅料,独有工艺绝招,入选国家地理标志保护产品,从舌尖上感动了中国。流传在都昌的传统技艺,大多出于民间匠人之手,他们不仅构思缜密独到,而且制作精益求精,其"勿精不舍,勿妙不弃"的精神,就是大国工匠精神。

都昌的民间传说，丰富多彩，流传广泛。鄱阳湖的传说是一道最绚丽的风景，最显都昌地域特色；都昌的一山一水，都有一歌一传说，鄱阳湖中一鱼一禽，都有一叹一故事；人文陈迹的传说是最亮色彩中的"精彩"，其中最有影响的是红色故事、名人逸事、元末明初的鄱阳湖大战和风俗传说，具有深厚的文史内涵；"都昌味道"是都昌民间传说中最值得"点赞"的，它的内涵绝不只是一道美食佳肴，更是独具特色的鄱阳湖菜肴文化。一个地方的民间传说，与民风民俗紧密相连，或许可以说是一个地域的文化名片。有幸听讲一回都昌的民间传说，你可以得到一次田园味的身心愉悦。

《文化都昌丛书》囊括了"闻人""山水""风俗""演艺""技艺""传说"六大板块，将都昌传统的自然美和人文美完美统一。她的美不可以复制，但可以激活，可以传承，可以再造，可以发扬光大。我们编纂出版这套书，就是要留下都昌优秀的文化因子，植下都昌的文化大树，再造新时代都昌文化大繁荣、大发展的明天；就是要让《文化都昌丛书》成为开怀扬臂、迎接八方来宾的名片。

醉美了，我的都昌！这个美，在这套书里读得到，品得到，就等着你来点赞。

千古不废的民间传说

"沉鄡阳,浮都昌"。都昌,这块"浮"在八百里鄱阳湖上的梦幻之地,充满着神奇,写满了浪漫。这片"扼五水于一湖"的鄱阳湖中心地带,自汉武大帝刘邦置鄡阳县至今,历经二千二百多年的兴废变迁,沧桑更替纷繁,人文演绎多彩,乡土气息浓烈,湖渔风味独特,独特一方的民间传说在这里浑然天成,在民间世世代代口耳相传,它犹如浩瀚鄱阳湖的水,源远流长,浪花朵朵。

一个地方的民间传说与一个地域的更替演绎和民俗民风紧密相关,是一个地域的草根文化。它最接地气、最直接反映着一个地域的政治、经济、人文、自然生态、社会教化等全方位的现状,甚至可以说民间传说是一个地方的文化名片。都昌因为结缘于中华民族的母亲湖,结缘于两千多年的沧海桑田,结缘于经历过血与火洗礼的红土地,结缘于富含湖风渔情的世世代代的山里老表和河湖汉子,所以,都昌的民间传说极为丰富,富有地域特色和文化特质。

鄱阳湖是都昌民间传说的一道最绚丽的色彩。据我国最早的地理著作《禹贡》记载,鄱阳湖的前身彭蠡泽,形成于商周时期,有禹王疏九江的传说,至西晋末,鄡阳平原沉陷,蠡水南浸,平川上的鄡阳、海昏二县沉入水底,形成了今日的八里鄱阳湖。于是,伴随着

"沉鄱阳，浮都昌""彭蠡开湖"的传说应时而生，便有了"三山五水七隘口"的醉人故事，有了"昌江头，雷公吼；饶河口，水壁陡；黄金嘴上挂不住锚；乌嘴头下水旋流；斧劈岩前心悬口；矶池恶浪比天高；水面天心鬼在叫"的民谣，有了耸人听闻、扑朔迷离的"魔鬼湖""中国的百慕大"之说。这些传说之所以能久传不失，并能达到今日这样完美动听，是因为这是孕育于鄱阳湖源远流长的故事，是湖光山色壮美的画卷，是民间口耳相传、不断演绎的积淀，是群众文化智慧的结晶。

人文陈迹让都昌民间传说更具文化内涵。圣王大禹、汉武帝刘彻、明太祖朱元璋等在这里的旷世功业在民间传说中广为传颂；山水诗鼻祖谢灵运、田园诗人陶渊明，大唐诗仙李白、初唐四杰之一王勃，宋代文豪欧阳修、苏东坡、黄庭坚等相继来这里寻山问水，留下了千百篇妙句绝唱；南宋爱国丞相江万里、西晋民族英雄陶侃、中国四大贤母之一的陶母谌氏等楷模扎根百姓心中；更有明太祖朱元璋与伪汉王陈友谅大战鄱阳湖十八年的刀光剑影，不仅在民间口头流传，而且史有记载。这些缘于史记、传于民间的传说，是沧海桑田的印记，是历史文人的谱牒，随着千百年的流传，历久弥新，让历史文人墨客和经典故事鲜活了，时空延伸了，具有相当珍贵的史学价值。

"味极鲜"的美食让都昌民间传说有了舌尖上的感动。世界候鸟王国、国家湿地公园、泱泱一湖清水，是都昌的符号，而"天鹅仙子""白鹤倚长坡""玉蚌含珠""江猪与白鳍"等传说让你亲近鄱阳湖水族生物群，"红眼银鱼""玉儿针工鱼""鲁班刨花鱼"等传说让你了解给皇上的贡品，更有"河水煮河鱼""银鱼千刀汤""豆参煮鲶鱼"等传说让你在品赏"都昌味道"的乡土菜之后，你会齿腭生津，回味无穷，那真的叫一个"味极鲜"！伴随着都昌美食的传说，一道道特有的鄱阳湖风味走上餐桌，一件件都昌的名优特产惊艳八方游客。它们不只是一道美食佳肴，更是独具特色的鄱阳湖菜肴文化。

有幸听一回都昌的民间传说，你会感觉到有一股淳朴的都昌"四十八都"的乡土气息浸漫着心扉，有一股清新的"三山六水半分田、半分道路和庄园"的湖山风情扑面而来，仿佛卷着裤腿席地坐在田间地头听说评书，或者是听讲笑话；又仿佛穿越了时空，围坐在蒲公的"聊斋"茶桌前，一边品茶，一边你说一段，我凑一折，上下五千年地海聊。这是一种身心愉悦的享受。

民间传说，生于民间，传于民间，是人民群众的口头文学。它以虚幻的构想、浪漫的手法、朴素的口语、平实的叙述，把传奇的人物、传奇的事件、传奇的情节，粗而不俗、细而不繁地融汇起来，把美好的追求向往和人生哲理寓于其中，编成了笑话、故事，让你、我、他口耳相传，流传广了，流传久了，便成了源远流长的民间传说。

口头文学是所有文学之母。许多脍炙人口的民间传说已经从口头走向了典籍。它是中华民族五千年灿烂文化中的一块瑰宝。有源就有流，有流才有海纳百川。我们要像先人那样珍惜民间传说，保护、传承民间传说，让民间传说在新时代民族文化大繁荣、大发展中焕发出新的光彩。

民间传说千古不废。

目录

第一章　革命老区的红色故事

001　｜　石门岭上遇能人　詹玉新

007　｜　老刘做客万家举人府　罗　文

012　｜　威震赣东北的田英　沙湖人

016　｜　冯任与李立三　詹玉新

020　｜　刘肩三烈士二三事　罗　文

024　｜　向先鹏领导"茅垅暴动"　沙湖人

第二章　鄱阳湖的传说

027　｜　彭蠡开湖　雷　鞭

032　｜　化莲记　潘沐林

042　｜　孽龙秽鄱湖　常纶桂

045　｜　"沉鄡阳，浮都昌"的传说　詹玉新

047　｜　龙驹公主怒沉鄡阳　刘章高

051　｜　龙城的传说　王三定

055　｜　天落印山　詹玉新　刘章高

060　｜　赶不动的强山　胡燕霞

064　｜　棠荫女　李辉柱

068 | 淹不了的花山　李大志

第三章　名人的传说

071 | 止水忠魂　罗　文
076 | 母贤子贵　詹良生
079 | 大禹得神龟　刘　铨
082 | 刘彻梦野老　董　晋
084 | 陶侃钓金梭　陈印昌
088 | 王勃过鄱阳　杨文清
090 | 苏耽磨剑升天　沙湖人
093 | 罗隐金口银牙　刘章高
097 | 苏东坡南山题字　詹玉新　陈印昌
100 | 张献忠铁柱镇蛟　罗水生
102 | 八仙醉酒南山石　詹昌珍

第四章　鄱阳湖大战的传说

105 | "水面天心"老爷庙　陈印昌　刘铨
109 | 御封大鼋"定江王"　刘　铨
112 | 斗笠蓑衣满湖兵　罗　文
114 | 鸬鹚取鱼无划界　刘章高
116 | 霸业传奇在高塘　卢家军
120 | 洪武得贤江府湾　刘章高
123 | 张伍投军献兵书　易昌明

125 | 晒袍演兵朱袍山　詹玉新

第五章　水珍稀禽的传说

128 | 红眼银鱼　潘沐林

133 | 大孝乌鱼　雷　鞭

135 | 玉儿针工鱼　潘沐林

137 | 鲁班刨花鱼　刘章高

139 | 柳叶游发鱼　刘章高

141 | 耍骗的鳊鱼　雷　鞭

143 | 江猪与白鳍　陈印昌

146 | 玉蚌含珠　罗水生

150 | 天鹅仙子　詹玉新

153 | 白鹤倚长坡　陈印昌

158 | "啾鸣"崖岸鸟　罗　文

第六章　特色美食的传说

160 | 左里盐面　陈玉龙

163 | 阳丰排粉　詹美松

166 | 大港豆折皮　石尚焱

169 | 土塘馅心粑　刘章高

172 | 河水煮河鱼　沙湖人

174 | 豆参煮鲶鱼　罗　文

177 | 西河东坡肉　朱新民

180 | 银鱼千刀汤　詹玉新

183 | 皇宫"珠贝宴"　詹良生

第七章　风土民情的传说

185 | 哭嫁　苏仲华

187 | 扛丧"八仙"　程　芬

189 | 悬杠抬棺　刘章高

191 | 为死人买水　程　芬

194 | "魔鬼湖"上的红船　刘　铨

197 | "安座"逸事　杨廷贵

199 | 紫微驾临　程　芬

202 | 栽须祭船　詹玉新

205 | **梦满梅枝总迎春**——代后记

第一章　革命老区的红色故事

石门岭上遇能人

詹玉新

一天,武山脚下的大港镇突然传来一阵急促的枪声。只见一个身体高大、行动矫健的妇女急匆匆地朝石门涧的深山密林奔去。她怒眼横瞪,嘴里咬着一绺散发,身上挎着两个沉甸甸的大布袋,背上背着一个孩子,手执快慢机枪,一边跑,一边不时地朝身后追赶的敌人射击。

她就是威震赣北的武山游击队队长田勇的妻子鲁嫂。前天夜里,鲁嫂背着一个三岁的孩子去给黄岭坳游击队送信回来,只见自己的家里火光冲天,传来一片呼天抢地的惨叫声和号啕大哭声。天哪! 她的公公已血肉模糊地倒在血泊之中,婆婆被五花大绑,悬吊在火焰上,人已快被烧焦了。鲁嫂只觉得眼前一黑,险些跌倒。一位好心的大婶将她扶住,轻声告诉鲁嫂说:"这是万汉楫和石二坤干的伤天害理的事。你快走吧,上望晓源找田勇去!"

鲁嫂一听,气得咬牙切齿,一跺脚便出了村,躲进了一座不知名的大山。

鲁嫂一家被害,她放不下这个仇,忍不了这个恨,昨天夜里化装进了镇,摸到了万汉楫的弹药库,往弹药库灌了一大桶乌桕油,点燃一根烈性快引,便拿上两袋子弹,轻捷离去。不料,刚出镇子,被迎面碰上的喝得醉醺醺的万汉楫一伙拉住盘问。这真是冤家路窄呀!鲁嫂顿时怒从心头起,恨从胆边生,拔出手枪"啪"的一声,打伤了万汉楫的一条胳膊,把那帮醉鬼打呆了。等他们回过神来,鲁嫂又狠狠射过去一梭子弹,转身就往山里跑。

就在这时,大港镇里火光冲天而起,爆炸声震天动地,万汉楫这才如梦初醒,捂着伤大喊:"她放火烧了弹药库,快抓住她!"一帮走狗这才一阵狂呼乱叫,胡乱放枪,紧追起来。

鲁嫂挡一阵,跑一阵,终于登上了石门岭。她靠在一棵大树下,从腰边又拔出一支枪来,"呼呼呼"来了个双枪齐发。突然,一声呼啸飞进树林,鲁嫂只觉得身子一麻,两眼一黑,踉跄两步,险些跌倒。就在这时,一个高大的身影大步跨上前来,眼不眨,气不喘,"呼呼"就两枪,山下的敌人全伏下不动了。随即又是一梭子,敌人傻眼了,以为碰上了大股的游击队,一阵惊呼,鬼哭狼嚎,往回逃命而去。

待鲁嫂醒过来时,她已经躺在一个摊开的行李包上,左臂上的伤口已敷上了草药,并用毛巾包扎得好好的。她的孩子正在身边甜甜酣睡。鲁嫂一阵惊疑,霍地坐起,只见一个身材高大魁梧的中年人站在她面前。

他三十六七岁,头戴一顶褐色礼帽,身穿一件灰布长衫,宽圆脸,阔前额,粗浓的双眉间藏着深谋远虑,灵慧的大眼里显出大智大勇,让人感到肃然起敬又感到热情亲切。他的身边还站着一个机灵的小伙。

鲁嫂久久地凝视着这位好心人,心里一阵热乎,眼里滚着热泪,正要说几句感激的话,那戴礼帽的人向她微笑着点了点头,却先开口了:"你是武山游击队的吧?一个女的还能双手打枪,真了不起哩!"鲁嫂一下感到亲近多了,说道:

"山里野猪多,俺这是逼出来的!""这么说,你是恨透了野猪啰?"这一问又勾起了鲁嫂的满腔仇恨,万汉楫、石二坤一伙火烧家门、惨杀公婆的情景又在眼前浮现,这深仇大恨还没来得及向任何人诉说。眼前,这位好心人路见危情,拔枪相助,态度可亲。她再也忍不住了,终于,字字血,声声泪,把万汉楫和石二坤残害她一家的经过诉说了一遍。她狠狠说道:"恨俺没用,刚才几枪没把那头野猪打死!"

那戴礼帽的人听了鲁嫂的血泪控诉,两眼瞪出怒火,说道:"大嫂,这头野猪也是太可恨了,该杀。可是,你知道不?眼前还有狼要窜进山里来哩!""狼,也不怕,有俺们游击队在,一样打呗!""好,有胆!可是,又有野猪在,又有狼来,该朝哪方打?"鲁嫂眨了眨眼说:"俺就一手一支枪,又打野猪又打狼!"那戴礼帽的人一听,哈哈大笑,说:"我说你呀,光有胆,少有方,这样打难免要坏事的嘛!一个真正能干的猎手,应该先打那最凶恶的狼。嗯,我说得对不对?"

鲁嫂一听,不由得点了点头,问道:"同志,敢问你们俩是干什么的呀?"那戴礼帽的人微微一笑,神秘地说:"你看呢?"鲁嫂一双美丽的大眼睛扑闪了几下,说:"听你刚才说话,倒像是个能干的猎手,可是,瞧你这一身打扮,又像是来购山货的买卖人。""差不离。这些年,我常在深山老林打猎,跟豺狼虎豹打交道。不过,这一回,我和这位伙计是进山来做一桩大买卖的,你一定会帮我的忙吧?"

鲁嫂高兴起来,对这位救命恩人她感激都来不及,还能不帮忙?她生在山,长在山,靠山吃山,千奇百怪的山货哪样不知,哪路不晓。她热情地说道:"你们要做什么买卖,俺这就领你俩串山去。"说罢,她干咂了两下嘴唇,吞下两口唾沫,就起身抱孩子。那戴礼帽的人看了看鲁嫂的神色,说道:"先别急嘛,我猜你娘儿俩的肚子还是空的吧,还是先弄点吃的。"那戴礼帽的人说完,袖子一捋,便

003

吩咐那个年轻的伙计去拾柴火，自己顺手扳下一根竹枝，在一个隐蔽的地方挖起地洞来。等那小伙子拾柴火回来，他又拎着一小布袋米到山下溪边去了。小伙计在洞里把火烧着了，不一会儿，便积了满满一洞火星儿。戴礼帽的人回来后，将湿漉漉的小米袋往火堆里一放，用滚热的灰土盖上。约莫半个时辰，林子里就飘着一股香喷喷的饭香味。

多巧妙的手艺啊！鲁嫂先是看呆了，接着乐了，问道："同志，你这是哪里来的好办法？"戴礼帽的掸了掸身上的灰尘，说："常在山里转，久做打猎人，许多办法都是逼出来的！"

鲁嫂有些疑了，他俩真是打猎的吗？打猎的哪有这样的能人呢？她想起这位气度不凡的买卖人挑枪追敌，救她母子性命；指教打狼，点透深重道理。她越想越觉得这位好心人非同一般。莫非他俩也是常打游击的？鲁嫂禁不住用暗语问道："你俩真是串山来的？""对，专到武山订山货。""要什么货色？""红山楂。""多少钱的？""二十一吊八。"

鲁嫂愣了："卄一"下面吊个"八"，不正是个"共"字吗？他们俩是上级派来的呀！鲁嫂喜出望外，想不到站在自己面前的竟是党派来的亲人！她脱口而出："同志！"大滴大滴的眼泪挂满了脸腮。

"大嫂，你就叫我老刘吧。"老刘说，"咱们要立即做好战斗准备！"

老刘这句话把鲁嫂弄糊涂了。已经离开了危险之地，怎么还要做战斗准备呢？老刘平静地说："我料万汉楫决不会善罢甘休，一定还会偷偷算计我们的。"鲁嫂恍然大悟。老刘朝鲁嫂笑了笑，三个人聚集到一处，如此这般吩咐了一番，最后下了一道奇怪的命令："战斗要获全胜，但敌人一个不能伤！"

一阵工夫过后，山下传来一阵狗叫。转眼间，一片灯笼火把乱七八糟地涌上了山道，朝石门岭蜂拥而来。鲁嫂伏在山口，看得真切，来的敌人还真不少，足有二三十人。万汉楫压阵在后,破着嗓门喊:"追!谁要抓住那个姓刘的,赏大洋一百块!"鲁嫂也亮开嗓门大声骂道:"快来吧,要抓姓刘的,得先问你姑奶奶答应不答应!"说着,"啪啪"放了两枪,转身就朝石门岭上跑去。山下的敌人见有人开枪,便一股脑儿全涌上了山。鲁嫂回头一看,点头笑了,又伏下身打了一梭子,转身又继续朝山顶奔跑,敌人亡命穷追。万汉楫气得发狂,嚷道:"一个婆娘,怕她干吗!快给我追!"那些流氓兵痞,气喘吁吁,恶眼横瞪,向鲁嫂包抄过去。

突然间,只听得林子里三声枪响,山岭上出现了三处火光,接着,又是三处。转眼间,石门岭上上下下,前前后后,一团团,一簇簇,到处火光闪耀,整个武山都被照得亮堂堂的。这时,万汉楫傻眼了,那伙流氓兵痞惊慌了。他们全被包围在这片火光之中,分不清方向了。突然,"嘣嘣嘣",一阵急一阵的竹节爆炸声从四面八方响起,无数火光像火蛇一般在密林中呼啸,在敌人中间飞穿。这情景,顿时把敌人吓成一窝蜂,晕头转向,喊爹叫娘。万汉楫夹在乱兵之中,也惊得魂飞魄散,没了主意,正想逃命,突然"啪"的一声,一颗子弹飞来,他眼前一黑,"哎哟"一声便扑倒在地上。紧接着,喊杀声、竹节爆裂声、枪声,交织在一起,震荡山头。"优待俘虏!""缴枪不杀!"的呼喊响彻山岭。鲁嫂最先冲下山岭,像提瘟猪似的一把将万汉楫提起来掷在地上,正要举枪扣扳机,只见老刘一个箭步冲过去,拦住了鲁嫂。鲁嫂先是愣了,后是气了,大叫:"老刘,我要报仇!我要解恨哪!"

"对,杀他十次百次也不为过!"老刘平静地看着鲁嫂,眉间强压着怒火,说:"是呀,家恨、国仇,咱们都要报。可眼下,主要的敌人是日本帝国主义。我们要唤起民众,争取舆论,争取更多的人一致抗日!先饶他一条命吧。"

此时,万汉楫蠕动了一下身子,从地上爬起来。他没有死,刚才鲁嫂一枪是朝他耳朵边打过去的,这是老刘安排的,却把万汉楫吓了个半死。他见自己的人全都成了笼中鸟,就像打断了脊梁骨的狗一样,再也抖不起来了。

老刘目光凌厉,神态威严,对万汉楫说道:"万会长,我们共产党以团结为重,为挽救民族危亡,可以把枪还给你们,并送你下山!"万汉楫只求保命,赶紧领着那些地痞流氓,狼狈逃下山去。

鲁嫂面对逃去的万汉楫,有仇不能报,气得狠狠一跺脚,用枪对着老刘,说:"你到底是什么人?""我是老刘啊!"

老刘的警卫员挡在鲁嫂的枪前,说:"大嫂,他是我们的首长,老刘。"

老刘做客万家举人府

罗 文

在大港镇东侧的云水溪头,有一座驰名赣北四县边界的"万家举人府"。老百姓传说,当年陈毅来大港,曾做客万家举人府。

"万家举人府"出现在晚清道光年间,因这里出了一名叫万崇程的举人而得名。万举人去世后,他儿子万德远又是山里出类拔萃的秀才。后来,万德远的儿子万汉楫又远渡东洋去日本留学。这万家真可谓书香门第,名流世家。这位万德远老太爷虽年逾古稀,但身板尚还硬朗。他终生信守万家老举人"报效国家,布施乡里"的遗训,颇得七乡八里人的尊崇。可是,他哪里知道,他的儿子万汉楫早已背叛了他万家的遗训,成了民族的叛贼。

今日一大早,万老太爷便吩咐用人,备好茶酒,打扫府堂,他要迎接一位贵客。昨晚,一位用人告诉他,说少爷带手下的人夜袭石门岭上的游击队,被活捉了。幸好遇上一位姓刘的先生宽宏大度,将少爷放了,还亲自护送下山。万老太爷心中十分感激,想不到游击队里,竟还有如此仗义之人。一清早,万老太爷便派人备了轿子,去望晓源游击队驻地,请刘先生来家里做客,要当面致谢,并吩咐儿子万汉楫在家恭候。

就在这时,院外传来:"刘先生到!"万老太爷连忙起身,来到门前。只见刘先生一身戎装紧束,威风凛凛,一派英雄之气。万老太爷暗暗敬佩,拱手相迎,说道:"刘先生徒步踏来,莫不是嫌用人抬轿子粗俗,让贵体不舒?"老刘也拱手回礼,说道:"万老您实在客气过甚了。共产党的党规已经不兴坐轿子,还请万老原谅!"

万老太爷把老刘领到客厅坐定,吩咐上茶,说道:"蒙刘先生放回儿子的不杀之恩,仁人之心,理当诚报。今日特备粗茶薄酒,请刘先生来寒舍当面叩谢!"老刘爽朗致意,说道:"国难深重,民心思聚,岂能同室相仇!"万老太爷点头合掌,连说:"那是,那是。刘先生,平日老朽喜好弄墨作趣,故撰了一联奉赠,聊表敬慕。见笑了。"说罢,即令家佣将一卷装裱得十分精美的书联送到老刘手中。老刘展开书联,两行挺拔秀劲的大字跃入眼帘,便吟了出来:

石门放孤扬大义,

夜镇归子感深恩。

老刘吟罢,知道这是万老太爷的一片真情,说道:"同是中华男儿,万老何必如此大礼过奖!"略一沉思,老刘接着说:"为感谢万老一片盛情,也请万老笑纳我一联。"

万老太爷咧嘴笑道:"刘先生雄才,老朽求之不得!"当即吩咐用人拿来文房四宝。

老刘接过狼毫,饱蘸香墨,略一思索,便挥毫而就:

精忠报国,万家遗训。

老诚扬臂,华夏新风。

万老太爷捋着长白胡子,吟了一遍又一遍,连声赞道:"高,高! 书法遒劲,寓意高深! 老朽虽当之有愧,但这乃刘先生亲笔,一定好好珍藏,传之后世!"万老太爷吟罢书联,不禁联想生情,感慨于色,说道:"刘先生,恕我直言,目前,东洋倭寇犯我国民大土,国民正处水深火热之中,贵党游击队本应早日弃械下山,以息同室操戈之乱,尽报国救民之心哪!"老刘听罢,觉得这万老太爷虽耿直坦诚,却又一叶障目,善恶不辨,必须向他陈明真相,晓以明白。老刘详细陈明:同室操戈的根源并非我党,我党中央和毛泽东主席为挽救民族危亡,及时提出了"停止内战,一致抗日",国共两党应再度合作,团结民众,打败日寇的正义主张! 万老太爷听得连连点头,说道:"如此主张,一定深得民心,老朽我虽已风烛残年,但寸心犹在。若需我出力,倾家荡产,在所不惜。"

老刘见时机已到,便坦言:"我们游击队准备择日集结出山,结束整编奔赴抗日前线,万老,你在这镇里镇外,德高望重,声誉遐迩,我想请万老出来说句话,为我游击队让一条出山之道!"

万老太爷心想,这有何难,只需在儿子面前说句话就行。他蛮有把握地说:"老朽愿效微力!"

就在这时,客厅中突然踉踉跄跄闯进几个人来,一个个醉眼蒙眬,酒气熏人,吵吵嚷嚷叫唤着要见万会长。万老太爷一见,实在太伤脸面,便大声吼道:"放肆,无教养的东西! 给我滚出去!"哪料到一个醉汉反而颠颠摇摇来到万老太爷面前,话不成句,说道:"要我滚,你给我叫万会长出来,他还没付给我们昨天卖命的钱呢!"说着,号着,竟抓住了万老太爷的衣领。

情况有些危急,老刘冷眼观看,知道这伙人是有意来寻衅滋事的。他走上前去,扳开醉汉,一手推了出去,那醉汉踉跄两步,直瞪瞪望着老刘,逼上来,说道:"啊,是你?正好,上啊。抓住他!"蓦地,醉汉们一齐向老刘围了过来。

老刘并无惧色,严厉说道:"你们借酒装疯,别打错了算盘!也不看看你们面前是谁?"

万老太爷气得浑身发抖,指着这几个醉汉破口大骂,把他们轰了出去。

万老太爷没想到会在家里发生这样丢人的事,更想不出其中到底是怎么一回事,只觉得对不起客人,哀叹道:"造孽呀!刘先生,老朽向你赔情了!"

这时,万汉楫跨进门来,脸色阴沉,来到客厅,几个随卫荷枪实弹,尾随而上。万老太爷以父长之严,令万汉楫向老刘叩拜再生之恩。万汉楫只是冷冷地一拱手,虚以寒暄:"刘先生,我来迟一步,请勿见怪。"

老刘不动声色,说道:"难得万会长一片苦心!"

万汉楫心里一个"咯噔":莫不这姓刘的猜出了他的心计?

原来,万汉楫听说老父要宴请老刘,便用好酒好菜收买了几个保安兵,要他们借酒装疯,闯堂滋事,寻机对老刘实施借刀杀人。没想到,好事让老爷子给砸了锅,心中十分气恼。他用枪口对着老刘说:"刘先生,在我家做完了座上客,你就要做阶下囚了!"

万老太爷有些震惊。他不明白儿子为什么对刘先生恩将仇报。他气得浑身发抖,抓住桌上一个银铸水烟筒,"啪"的一声,水烟筒在地上摔成两半。

这时,老刘抖了抖衣衫,站了起来,说道:"万会长,想不到你已经死心塌地了!"老刘转身面对万老太爷,直言相告了他儿子叛国投敌、引狼入室的全部行径。原来,万汉楫回大港镇时,接受了日寇头目寅中次郎两条密令:一、伺机活捉老刘、田勇,彻底清剿武山游击队;二、笼络赣北四县边界国民党保安团,在大港镇建立大本营,为皇军南进做准备。寅中次郎还送他一批军火,派给他一个排的兵力,要他迅速打开局面。

万老太爷听罢,当即气得口吐白沫,不省人事。

老刘再也按捺不住激愤,说道:"万会长,事可一而不可再,等我们出山那天见!"

"你等不了出山那一天啦!"万汉楫一挥手,"来呀,将他绑了!"几个随卫"呼"地扑上前来。

就在这时,田勇抢上一步,掏出手枪"啪"的一声,把一个随卫打倒了。他挡在万汉楫面前,晃了晃冒烟的枪口,说道:"姓万的,真要玩家伙,你还得再学几年!"转身,他护在老刘身边,"老刘,咱们走!"说着,田勇领着老刘朝大门外走去。

这时,万汉楫举起手枪,"啪"的一声扣响了。门口应声倒下一个人,谁?是万汉楫的老父。怎么回事?原来,在那千钧一发之时,万老太爷被惊醒了。他死死抓住儿子的枪,拼命呼喊:"你,你不能……"

万汉楫一心要抓住老刘,无奈又被老父死死拖住。眼看老刘走出门去,这个丧心病狂的家伙,为了向日本人交差,竟丧尽天良,向他父亲开了枪……

威震赣东北的田英

沙湖人

1934年4月,黄万生化名田英,与闽、浙、赣的一批干部开赴赣北,组织武装暴动。田英根据闽、浙、赣省委的指示,在都昌大港望晓源建立都、湖、鄱、彭中心县委,田英任书记。田英到职后,首先把被敌人冲散的100余名游击战士召集在一起,加上扩招的120余名贫苦农民,组成了中国工农红军都、湖、鄱、彭游击大队,在都、湖、鄱、彭边境开展游击战争。

望晓源人烟稀少,地势险要。深山密林中共有 5 个村庄,近 30 户人家不足百口人,都是贫苦农民,倾向革命,欢迎田英的队伍,但国民党保安部队却视红军游击队为眼中钉。1935 年 6 月,田英率领的红军游击队刚站住脚,就有土豪向国民党当局告密。驻大港街的保安中队得知消息后,立即匆匆忙忙向望晓源进发。田英沉着、果断,迅速组织队伍在途中埋伏。这支保安分队纯属乌合之众,万万没想到在途中会遭到田英游击队的伏击,当场被击毙二人,除一人逃脱外,包括分队长在内的 21 个保安兵全部当了俘虏。

这一仗给敌人的打击很大。驻扎在彭泽马垱的国民党独立三十六旅立即向武山推进,在望晓源周围的张家岭、大屋张家、西洋桥、曹百四、段家店等集镇和村庄,筑起了碉堡,碉堡群连成一条对根据地的封锁线,妄图困死、扼死这支年轻的红军游击队。一时,游击队的给养、生存和发展都受到了严重的威胁。

一次,张家岭交通员向田英报告:张家岭一处发生山林大火,威胁着山下的曹炎村。碉堡里的敌人准备全体出动去给曹炎村保长家救火。这一消息立刻让田英有了一个新的破敌计谋。那天晚上,天空阴沉沉的,伸手不见五指。田英带领游击队向姊妹塘移动,这里是张家岭到曹炎村的必经之路,游击队就在这里设伏,给敌人一个狠狠的伏击。这时,游击队员按计谋故意在曹炎村保长门前点火焚烧了一堆禾秆,火光冲天。果然,张家岭敌碉堡里出动了 50 余人赶往救火,刚走到姊妹塘,两旁的游击队突然冲了上来,将敌人包了饺子,这些敌兵还没有完全反应过来就当了俘虏。守候在碉堡里的敌连长发现很长时间还没有得到前方的消息,又派出了 30 余人的后续队伍赶去支援,正好碰上了游击队,还误把游击队当成了自己人,莫名其妙,乖乖地束手就擒。这时,碉堡里的敌连长才知道中计了,一下损失了近百名兵丁,大呼上当,从此便龟缩在张家岭不敢出来了。

段家店是国民党独立三十六旅在彭泽的一个重要据点,有两座碉堡、一连兵力,戒备森严,加上地形复杂,是个易守难取的敌据点。那天,田英与其他领导人正在下天冲石书文家召开攻打段家店敌据点的分析会。听完汇报，田英铺开地图，对大家说："段家店战斗一打响，黄土港的敌人必然赶来增援。因此，只能智取，不能强克，并要尽快结束战斗！"大家点头称是，几个人凑在一起，商量智取段家店的具体作战方案。

翌日清晨，天刚蒙蒙亮，游击队员们化装出发了。走在队伍前面的是游击队两个中队的指导员，他们穿着长袍马褂，手持文明棍，昂首阔步，俨然两位豪绅。接着是田英，他一身账房管家的打扮，跟着走在后面。其他游击队员有的像挑夫，有的像赶集的农民，向段家店急速走去。

日上竿头时分，敌人的两个哨兵发现一大队人马朝据点走来，便大声吆喝，叫嚷着："停住！停住！"两个指导员大模大样地装作没听见似的，加快了前进的脚步。哨兵急了，叫骂起来："他妈的，瞎了眼啦？不知道这是什么地方吗？"说时迟，那时快，两个指导员一个箭步冲上去，随手一人一枪，两个哨兵应声倒地。田英立即掏出手枪，连发三声信号，那些挑担子的、推土车的、拎鸡的、背猪腿的游击队员们迅速拿起枪，如群虎下山，跟着田英向敌碉堡冲去。一时枪声大作，杀声震天，等敌人明白过来时，两个碉堡已被团团包围。不到半小时便结束了战斗，击毙了敌连长，俘虏了敌兵50余人，缴获轻机枪一挺，步枪40余支，烧毁敌碉堡两座。

智取段家店后，彭泽马垱三十六旅旅部警卫班决定集体投奔田英领导的红军游击队，领头的叫王群。但是，在这长江边上，大山深处，到哪里去找来无影去无踪的红军游击队呢？后来，王群听说游击队到过马垱矶洪庙，他便带着两个人携带两挺快慢机和一支步枪，找到庙里的老和尚，问红军游击队在什么地方。老和尚就是游击队的地下联络员，但情况不明，他十分警惕地说"不知道"。王群急了，为表示诚心投奔红军游击队，他把三支枪放到了地上后，叫老和尚先把他们三个都绑起来。老和尚这才放心，告诉了田英的去处。王群领着警卫班七人连夜前来投诚，受到了田英的热烈欢迎。后来，王群入了党，成为新四军一名优秀指挥员。

在田英的指挥下,望晓源的红军游击队又接连突袭了大屋张家、西洋桥等敌据点,还活捉了国民党湖口保安大队长。

田英英勇善战,节节胜利,威震赣东北,让敌人闻风丧胆。到1937年9月,田英领导的红军游击大队发展到360余人,他们在武山的崇山峻岭中,神出鬼没,袭击敌人。游击区纵横两百余里,成为皖、赣边主要的游击根据地。

1937年12月中旬,田英根据中央分局和皖、赣特委的指示,率领游击队离开都昌,开赴浮梁瑶里改编。1938年1月下旬,田英根据陈毅的指示,返回都昌,在大港街上设立"新四军都昌留守处",田英为主任,党内仍任都、湖、鄱、彭中心县委书记。

1938年4月6日,国民党都昌县常备自卫大队副队长李运辉和湖口第三区长张旭晖率自卫队300余人,突然包围了留守处,战斗持续两个多小时,田英等留守处人员在子弹打光后被俘。7日,田英被押往大港后面的狮子山脚下,被杀害了。临刑前,田英面对李运辉的枪口怒斥道:"如果死在火线上我服。现在,死在你这个狗骨头手里我死不瞑目!"田英身中数弹,壮烈牺牲,时年29岁。

冯任与李立三

詹玉新

冯任，1905年生于都昌县土塘坂上厦下冯家，是我省早期党团组织重要领导人，中共早期革命活动家。冯任在江西省委工作期间，两次代表省委向中央汇报工作，从批评李立三，到认识李立三，随后在湖北省委工作期间又与李立三在一起开会，比较了解李立三，与李立三有过不同寻常的交往。

1929年2月，冯任前往上海，代表江西省委向中央汇报工作。汇报前，他认真学习了中央有关文件和党刊上的一些文章，感到中央过分强调城市工作，忽视农民运动。他又看到李立三在一篇文章中硬把方志敏领导的轰轰烈烈的弋阳农民武装斗争，说成是受了景德镇工人罢工的影响，并以此证明"城市中心论"的正确，便当即写了《关于目前政治形势和中央工作致中央的意见书》，以个人名义呈送中央。在《意见书》中，冯任除了对国民党召开编遣会议后的形势走向提出了与中央不同的意见外，还指名道姓地批评了中央政治局常委、宣传部部长李立三。冯任尖锐地指出："弋阳的农民没有因景德镇工人斗争的影响而复动起来，都是自动发起的，而景德镇的工人们反倒有希望弋阳方志敏的农民武装打过来的想法。"李立三看了《意见书》很不高兴，不知道这位冯任是何许人物。3月2日，李立三与冯任见面，并同时任中共中央总书记向忠发等一道听取了冯任的汇报，觉得眼前这位长得很秀气、比自己小7岁的年轻人很有才能和胆识，不仅不生气，反而很赏识冯任。

冯任这次汇报的内容形成了《三个时代的江西省委》一文。

1929年11月下旬到12月上旬，江西的党组织遭到空前大破坏。11月下旬，从赣南巡视返回的冯任，一路上冒着极大的危险，深入了解了党组织被破坏的经过，通知各地尚不知情的党组织及其领导人尽快转移以减少损失。随后，冯任赶赴上海，向中央写出了近万字的《关于江西党组织遭受大破坏的经过和善后办法》的报告。冯任的报告引起了中央的高度重视。宣传部部长、秘书长李立三看了这份报告后，认为冯任立场坚定，头脑清醒，有能力，有地下工作经验，可以委以重任。

1930年1月1日和14日，中央两次讨论重建江西省委问题。李立三考虑到冯任在江西省委时间太久，已引起敌人的注意，不宜再回江西，应另委重用。在李立三"与之谈话"后，冯任没有回江西，改任湖北省委常委、宣传部部长兼农委书记，以加强湖北省委的工作。

李立三告诉冯任，现任湖北省委书记正是他在南昌第一师范的同学欧阳洛，彼此很熟悉，便于开展工作。冯任很快动身起程去武汉。冯任一上任，欧阳洛就把省委机关工作交给冯任负责，放手让冯任去干。从当时中央对冯任的工作安排来看，说明了李立三对冯任的信任和器重。3月23日欧阳洛被捕后，中央就指定冯任代理湖北省委书记。

1930年2月初，冯任调到湖北省委工作以后，正逢李立三主持中央工作，进入了"立三路线"时期。当时，武汉被李立三确定为全国武装暴动的中心，李立三很希望冯任能够围绕这个中心发挥自己的才干，尽快发动武汉暴动。但冯任对当时的政治形势有自己的看法和判断。他认为"湖北在政治上、地理上都是蒋、冯、阎战争的中心"，"反军阀战争是党的中心任务"，应该首先向群众宣传"蒋、冯、阎的战争是反革命的战争"，有条件地组织地方暴动，不失时机地做好各方面的工作。

1930年3月，为组织好武汉暴动，李立三采取了一系列措施。3月3日中央召开政治局会议,决定在上海召开中共湖北省第四次代表大会,改组湖北省委。在中央的压力下,冯任不得不接受中共中央"关于集中力量积极进攻,组织地方暴动,争取一省或几省首先胜利"的"左"的观点,但冯任还是比较客观地分析了湖北的形势,在指出诸多有利条件的同时,深感"缺点仍然是非常之多"。他认为,暴动必须建立在坚实的基础上,不努力做好工作,克服这些"缺点",暴动只能是一句空话。

4月15日至24日,中共湖北省第四次代表大会在上海召开。李立三要把这次大会开成一个以武汉为中心的总暴动、争取一省或几省首先胜利的动员大会。李立三代表中共中央做政治报告,冯任代表湖北省委做工作报告,任弼时做政治报告小结。李立三听了冯任的工作报告和任弼时的政治报告小结以后,很不满意,他在《政治报告结论》中批评任弼时、冯任对暴动胜利缺乏信心。大会在李立三的压力下,通过了贯彻"立三路线"的政治决议案,改组了湖北省委,任弼时任省委书记,冯任为省委常委兼秘书长,当任弼时的助手。

湖北省第四次代表大会后,李立三的"左"倾冒险主义发展到了高潮。武汉的形势愈加险恶。尽管如此,湖北省委还是决定6月15日至21日在武汉三镇举行"反对军阀战争拥护红军运动周宣传活动"。6月16日上午,湖北总工会在武昌花厂和蛋厂举行集会,被大批军警包围,担任现场总指挥的总工会常委、工纠部长黄昌恒被捕后叛变,供出汉口碧云里12号是省总常委接头处,并带着警备司令部稽查处的特务来到这个接头点,准备逮捕前来接头的人员。这一切发生得太突然,冯任并不知道。

6月17日上午,冯任前去接头,他看到碧云里12号的二楼窗口放了一盆鲜花,觉得没有问题,就走了进去。突然,从左侧小房间窜出几个便衣特务,拿枪对着冯任。叛徒黄昌恒从阴暗的角落里走了出来。一个特务头目问黄昌恒:"你认识他吗?"黄昌恒说:"他叫王亦吾,是个重要分子。"特务从冯任身上搜去两份省委文件、一份《红旗》党刊和300元钱。在此情况下,冯任承认自己是共产党员，做联络员，刚从上海来武汉，其他什么都不说，决心以死报党。

当天，任弼时得知冯任被捕的消息，焦急万分，立即报告中央"省委秘书长冯任同志生命危在旦夕"，请示中央紧急援救办法。敌人对冯任严刑拷打，但什么信息也未得到。任弼时得知敌人尚未杀害冯任，再次报告中央："冯任在狱中，要求千元作保，省委机关仍处在特别戒备中。"然而，任弼时的两次报告都没有引起李立三的重视，他正忙于组织武装暴动。敌人由于始终没有从冯任身上得到任何信息，于是于7月10日将冯任杀害，时年25岁。

刘肩三烈士二三事

罗 文

刘肩三,又名贤招,号汉才,化名谢宝东。江西省都昌县人。1892年10月25日生,曾就读于南康府中学、江西省立农业专科学校。

早在1926年初,都昌最早的共产党员刘越、刘肩三、谭和、王叔平、刘聘三五人,在县城南山庙内召开会议,秘密成立了中共都昌县第一个党小组,刘越任

组长,直属中共南昌特支领导。这便是都昌县革命运动的"星星之火"。

负责农民运动的农委书记刘肩三留在都昌,着手发展党组织,开展农民运动。至1927年1月底,全县共发展党员203人,并于2月上旬在县城西街黄家祠堂召开了中共都昌县第一次代表大会,建立了县城、茅垅、新桥、徐家埠、蔡家岭等8个支部。在共产党的领导下,2月5日,400多名县城工人召开大会,成立了都昌县总工会;2月11日,200多名农民代表在陶公庙召开了都昌县第一次农民代表大会,全县成立了149个农民协会;3月10日,83名妇女在县城陈家祠堂召开都昌县第一次妇女代表大会,成立了全县妇女解放协会。在共产党的领导下,都昌县的革命运动风起云涌,形成了星火燎原之势。

农历三月十五日,是都昌农民信奉的"观音菩萨生日",汪墩街上搭戏台唱大戏,台下看戏的农民群众有一千多人。刘肩三抓住演戏间休息的机会走上戏台进行宣传演讲,号召农民群众联合起来,跟地主老财作斗争,打长工的要增加工钱,佃户要减租减息,反对地主对农民的重利剥削,反对贪官污吏。他演讲的每一句话打动着广大农民群众的心,让他们深受鼓舞,唤起了他们跟地主老财、土豪劣绅作斗争的勇气和斗志。一时,刘肩三的号召力迅速扩大到四面八方。

那一年正逢春荒,青黄不接,有钱也籴不到粮,不少的穷苦农民在饥寒交迫中挣扎。然而,汪墩的几个大劣绅、恶土豪却使出一个阴招,说他们可以代替那些等着米下锅的农民用低价办理籴粮。这些黑心肝的劣绅土豪从外地买来新粮后,却用自家仓储的陈粮霉谷替换,大桶进,小桶出,极尽手段,敲诈盘剥,谋取暴利,发天灾横财。

土豪劣绅这种伤天害理的行径,激起了广大民众的极大愤慨,在刘肩三的组织领导下,汪墩的老屋、茅垅、后垅等村200多名农民冲进地主老财刘世容的家,将霉烂的谷子倒在地上,逼着他细细算账,算得他心慌意乱,浑身冒汗,叩头认错。农民群众没有罢休,打开了刘世容的粮仓,将他新籴进的粮食很快分了个干干净净。其余几个参与盘粮剥削、谋取暴利的土豪劣绅吓得四下逃跑,不敢归屋。

这一年4月,都昌城乡爆发了一场轰轰烈烈的反"钱粮柜"斗争,组织领导这场斗争的领导人也是刘肩三。

这两年,都昌广大农村发生了连年大旱灾,田野焦枯,阡陌绝收,草根被挖尽了,树皮被剥光了,不要说充饥,就连饮水都成了问题,饿死人的事件到处发生。然而,面对这样民不聊生的凄惨现状,当时,正赶上都昌军阀政府县知事傅运焱将要调任新职,他便趁离任之机,索计伸手捞钱。他竟然不顾民众的死活,利用"钱粮柜"向全县人民肆意派捐派款,疯狂敲诈勒索,暗地里中饱私囊,从中贪污了几千块大洋。共产党员刘肩三看穿了傅运焱的恶毒诡计,立即发动学校教职员和工商界人士组织了一个"钱粮柜"清算小组与县公署县知事傅运焱严正交涉,要求清查"钱粮柜"账目,遭到了傅运焱的拒绝。刘肩三和全体清算小组成员非常气愤,便发动县立高小100多名师生把县公署包围了。傅运焱这才同意算账。可是,账算清了,傅运焱却硬死抵赖,拒不认账。双方对峙,僵持不下。

刘肩三想:恶人要恶对。像这样虎狼之心的狗官,不见人民群众的威力是不会服输的。他立即指派党团员到汪墩、徐埠、湖洲山等地发动2000多农民组成了请愿团赶到县城,冲进了县衙,蜂拥而起,将"钱粮柜"一下打掉了。傅运焱吓得躲在屋里不敢出来。其他一些官员傻的傻,呆的呆,有的还尿了裤子。十几个警备队的士兵赶来镇压,看到现场的阵势,吓得缩了回去。

刘肩三代表请愿团郑重声明:清算"钱粮柜"账目,还清贪污款项;减租减息,取消不合理的派捐;立马答复。不然,砸了县衙,打死傅运焱。傅运焱这下像断了脊梁骨的癞皮狗,同意了刘肩三的三点声明,并沿街燃放了几万爆竹恭送农民请愿团出城。随即,他便夹着尾巴溜往南昌。

刘肩三并没罢休,和几个请愿代表来到南昌,将傅运焱的恶迹告到了当时的省政府和省财政厅。傅运焱的"乌纱帽"被摘了,并裁定他变卖南昌的房产偿还全部贪污款项。

大革命失败后,刘肩三遭通缉,逃离都昌。

1927年8月,刘肩三参加了在鄱阳县中共赣北特委主持召开的风雨山会议。刘肩三接任了余干县委书记,9月调中共赣东北特委工作,不久,赴上海学习工运;1929年7月返赣,在景德镇领导工人运动。

1930年7月,赣东北红军攻克景德镇,刘肩三调任红十军十九团政委,尔后随部进攻都昌、湖口、鄱阳、彭泽。他率十九团至汪墩,处决了反革命分子刘书会,为被刘士毅杀害的原赣西南特委书记宛希俨、中共赣南特委书记曾延生、汪群及朱德夫人伍若兰等先烈报了仇,烧毁了刘士毅的房屋。刘肩三又赶到湖口江桥,配合红一团、红十团重创国民党军警备二团张超部。5日,红十军撤回乐平整编,刘肩三任军政治部地方工作部部长兼红军独立师第七旅政委。10月,刘肩三又兼任中共都昌县委书记,率地方工作部恢复了都昌地方党组织,创建苏维埃政权,开创以武山为中心的都、湖、鄱、彭红色区域。11月,国民党军队趁红十军远征赣北之机,对弋阳苏区实行"会剿"。当时,刘肩三兼任"四县总指挥部"总指挥,率四县中共组织和地方武装坚持斗争。他率部向鄱阳肖家岭撤退,行至彭泽黄板桥时被敌包围,激战两日。11月16日,弹尽被俘,次日,刘肩三被杀害于彭泽老屋湾陈村。刑前他与23名干部、战士高唱国际歌走上刑场,大义凛然。

(根据都昌县党史办编著的《中国共产党都昌历史(第一卷)》资料编写)

向先鹏领导"茅坜暴动"

沙湖人

都昌县汪墩乡是革命老区。1930 年 5 月 5 日,在汪墩乡的茅坜村爆发了一次由中国共产党领导的威震八方的农民运动,在都昌历史上叫作"茅坜暴动"。

1927 年,蒋介石投机革命,仇视共产党,死心塌地要维护地主资产阶级的利益,在上海发动了"四·一二"反革命政变,突然对共产党实行全面大屠杀,传令"宁可错杀三千,不可放走一个"。全国上下一时血雨腥风。

野火烧不尽,春风吹又生。一人倒下去,万人站起来。"他们揩干身上的血迹,掩埋好同志的尸体",不忘初心,继续前行。1927 年 8 月 1 日,中国共产党领导的八一起义在江西南昌向国民党反动派打响了第一枪。8 月 9 日,中共都昌县委在汪墩老屋刘家背后的山上召开会议,决定把革命的烈火从山寨、从乡村、从农民心头重新点燃,以革命的农民武装力量回击反革命的大屠杀。

1930 年 4 月上旬,共产党员向先鹏同志受中共九江中心县委派遣,回都昌组织农民武装暴动,暴动地点就选在茅坜。

茅坜六区的农民运动有牢固的群众基础,真正实行了"一切权力归农会"。在反革命大屠杀开始期间,茅坜村党支部书记谭洪进就领导群众跟地主豪绅展开了坚决的斗争。那年 4 月,春荒严重,绝大多数农民家里,借尽卖尽,苦不堪言。有一天,有 5 个警匪又蹿进茅坜敲诈勒索,行凶抓人,谭洪进下令用火把点燃一个禾秆堆为信号,30 多个强壮村民从房前屋后冲出来,一拥而上,将那些警匪兵痞一个个捆绑起来,关进了猪栏,群众无不拍手称快,声称饿死也是死,不如跟这些坏蛋拼一个你死我活!

时机已经成熟,广大农民群众忍无可忍,革命怒火一触即发。在中共都昌县委书记向先鹏同志的领导下,共产党员干部深入乡村,发动群众,秘密组织了茅垅、向家山、新桥等6支农民赤卫队,队伍达270多人,为武装暴动做好了充分准备。

4月18日,向先鹏在老屋村刘经豹家里召开了县委紧急会议,决定于5月5日举行暴动,首先把茅垅谭家"五老虎"打倒,以茅垅为根据地,建立苏维埃政权,成立都昌县革命委员会。

5月5日,天刚蒙蒙亮,茅垅四周30多里的贫苦农民在老屋村秘密汇集。早饭后,向先鹏一声令下,约千人的农民暴动队员扛着土铳,举着梭镖,挥着大刀,一路杀声震天,很快将茅垅村包围了。谭家"五老虎"被突如其来的农民赤卫军吓得屁滚尿流,跪地求饶,除一"老虎"谭洪楼逃跑外,其余"四虎"全被抓住了。愤怒的农民将作恶多端的"四老虎"挂牌游村示众,开斗争大会,当着"四老虎"的面,烧毁了债据,撕毁了地契,开仓分粮。

就在这时,县委书记向先鹏得到了一个重要消息。在暴动中逃脱的谭洪楼去了徐家埠,向国民党保安大队长陆士郊哭哭啼啼地报告:共产党在茅垅发动了农民暴动,他家四兄弟全被活捉了,家被抄了,请求国军赶快发兵去茅垅救命救难!陆士郊闻之一惊,立即派一个姓董的分队长带领一个分队30余人的兵力向茅垅扑来,妄图将这支年轻的农民暴动队伍一举歼灭。面对敌人的疯狂反扑,向先鹏同志镇定自如,指挥若定。他组织了1000多名农民群众聚集在茅垅附近的糊泥岭上,派两名党员骨干带领20名赤卫队员扛着两门"松树炮"埋伏在敌人来犯的左边山道上,又派村支书谭洪进带着50名赤卫队员扛着土铳、梭镖,埋伏在敌人来犯的右边山道上,他自己指挥全部游击队员隐藏在糊泥岭的密林丛中,只等敌人钻进"布袋"。

大约一个时辰后,国民党保安小分队一路狂呼乱叫,杀气腾腾地向茅垅扑来。刚刚进入糊泥岭,只听得一声枪响,便是左边山道上土铳、松树炮、爆竹桶一阵阵炸响;右边山道上手挥大刀长矛的赤卫队员们一声声喊杀震天;漫山遍野的农民群众高声呐喊:"抓活的!捉活的!"游击队员们突然冲出丛林,在敌人中左右开弓,奋勇砍杀。被团团包围的敌人全吓蒙了,不知道碰上了多少游击队,立刻溃不成军,狼狈逃跑。慌乱之中,那个姓董的队长带着几个逃兵奔向汪墩湖渡口逃命,来不及登船的全掉到水里淹死了。

糊泥岭伏击战打得精彩,漂亮!游击队、赤卫队、十里八乡的农民群众欢欣鼓舞,情绪高涨,一首红色歌谣四处传唱:"红旗飘在茅垅岗,男女老少喜洋洋。党为穷人撑腰杆,分田分地翻身忙。糊泥岭上第一仗,打得白狗子见阎王。团结起来闹革命,不怕敌人逞凶狂。"

茅垅暴动胜利后,紧接着,排门、春桥、蔡家岭等地的农民也举行了"打土豪、废债契""建立苏维埃政权"的暴动。一时,全县土豪劣绅闻风丧胆,贫苦农民扬眉吐气。国民党都昌县政府生怕农民暴动队要攻打县城,吓得紧闭城门,不敢出来。

茅垅暴动取得了彻底胜利。这是中国共产党成立后都昌历史上第一次武装暴动。这次暴动促使都昌建立了都昌第一个红色苏维埃政权——都昌县革命委员会,宣告中国共产党领导下的都昌人民武装斗争开始了。

(根据都昌县党史办编著的《中国共产党都昌历史(第一卷)》资料编写)

第二章　鄱阳湖的传说

彭蠡开湖

雷　鞭

鄱阳湖古称彭蠡泽。老人们说：很久以前，江西没有大湖，年年非旱即涝。那时赣北有个勇士名叫彭蠡，立志要开凿一个大湖，根除旱涝灾害，为民造福。谁知破土开工时，便遇上一件怪事：彭蠡领着百姓白天挖土一丈深，可一到第二天早上，土又回填满了。

这是什么原因呢？这天，彭蠡又领着百姓，挖土一丈深，晚上他背插双刀，肩挎强弓，独自隐身在附近的荆棘丛中。等到三更时分，忽见刮起一阵阴风，尘土中现出一条龙不像龙蛇不似蛇的怪物。这怪物张开无数只手脚，连抓带扒，不消片刻，便将白天开挖的深凹又给填塞了。彭蠡一见，不由大怒，急忙拉弓搭箭射过去。只听"哇呀"一声大吼，怪物身带箭头，恶狠狠地便向彭蠡扑来。彭蠡一见，忙收住弓箭，拔出双刀，上去迎战。于是一人一妖，直战得飞沙走石，月惨星愁。彭蠡毕竟是凡人，难敌这千年怪物，体力渐渐不支，不得不虚晃一刀，转身便向山里退去。那妖怪深恨彭蠡开湖毁了它的洞穴，今晚又放箭伤它，于是，驾起妖风朝山里紧追。

彭蠡退入山中，绕过九十九重山峰，跃过九十九道深谷，已觉筋疲力尽，妖怪又穷追不舍，自叹性命难保。哪知天无绝人之路，忽见山崖陡壁下，有一石洞，彭蠡急忙一跳，一头钻入石洞中去了。妖怪追到崖上，不见彭蠡，急忙张开血盆大口，睁起灯笼大眼，伸头到崖下一嗅，嗅出人在洞中，便翻身下崖，伸出一只斗大的铁钳，朝着洞中抓去。说来真是奇怪，洞有多深，妖钳便能伸出多长，彭蠡被逼得在洞中东躲西藏，越退越深，眼看快到洞底了，再没有一丝退路，心下不由暗叹："唉，想不到开湖未成，今晚却要死在妖怪手里了！"陡然，膀上一阵剧痛，妖怪的铁钳已入皮肉，他眼前一黑，便向一块石头边倒了下去。

真是无巧不成书。彭蠡这身子一倒，正好压着一只毛茸茸的东西，突然，"喔——喔——"引出一声鸡鸣。彭蠡觉得膀上一下轻松，眼前一亮，就能看见洞外了。那妖怪听得鸡叫，便缩回铁钳，吓得连滚带爬地逃出山去。彭蠡觉得奇怪，忙将那毛茸茸的东西抱起一看，原来是一只冠红羽亮、腿高身粗的雄鸡。这时，雄鸡口吐人言说："你开湖大志可嘉，今日相遇，也是天意！"彭蠡一听，慌忙将雄鸡放置石上，倒身便拜，说："谢仙鸡救我脱难，不知是何处神仙！"雄鸡叹息了一声，说出一段往事：

五百年前，西池王母娘娘一时兴起，要在九月九日放出天河水，沐浴仙体。此事被天上二十四星宿中的酉星官听到，心想此水一放，人间百姓就要遭受水患，于是，他化作一个老叟来到人间，叫百姓在九月九日都上山避难。谁知九月八日亥时已过，快到九日子时，按照天规，酉星官应当司晨报晓，可他一望人间，江西百姓还熟睡未醒。为了营救百姓，他决意宁犯天规，也要等百姓醒来上山后，才开始报晓，因而他延缓了几个时辰。这事被玉皇大帝知道，玉皇大帝不由勃然大怒，便下旨将酉星官绑赴斩仙台斩首。幸亏太白金星和观音菩萨在玉帝面前竭力保奏，酉星官才得免去死罪，打下凡尘，压镇在社山深洞之中。

彭蠡听说这雄鸡原是天上的星官，暗想，怪不得妖精那么害怕，我若能求得星官相助，灭了妖怪，大湖就不愁开不成了。于是，他再三求拜，把要开凿鄱阳湖，为民解除水患，不料遇上妖怪作难的事诉说了一遍。酉星官听了，心想，彭蠡开湖，是为民造福，本当竭力相助，可是他难期还未满，不可私离深洞，再犯天规。但他又想到，彭蠡开湖一片诚心，这一定能感动上天玉帝，不如先请本山社神上奏玉帝，待玉帝旨下，再助彭蠡灭妖。他主意打定，就一面向彭蠡说明此意，一面念动真言，把社神请来，求他上天奏明玉帝，帮助彭蠡开湖，社神满口应承。

原来，那妖怪是千年绿头蜈蚣成精，在赣北平原上强占一洞，兴妖作怪。俗话说："蜈蚣最怕公鸡啄。"它追杀彭蠡，不料遇上了酉星官。酉星是上天的金鸡，所以它吓得仓皇逃回洞穴，倒在床上。妖婆一见，忙问原因，绿头蜈蚣便将追杀彭蠡，遇上酉星官的事，一五一十地诉说了一遍。妖婆听了，当下便吓得魂不附体，想到自己乃是白毛老鼠成精，根嫩道浅，也害怕天上的星宿。它两只小眼睛滴溜溜一转，想起了社神老爷，心下不由有了一线希望，便在绿头蜈蚣耳边，如此这般说出一条计来。绿头蜈蚣一听，转忧为喜，连说："夫人好计，好计！"于是，白毛老鼠精连忙梳妆打扮好，起身就往社山跑去。

社神老爷是玉帝赐封的管土地之神，性情风骚，专爱风月，早与白毛母鼠精私下勾搭上。这时，正欲起身上天，忽闻一阵香风飘来，只见白毛母鼠精姗姗而来。社神老爷不觉神魂飘荡，一把便抓住鼠精的玉手。白毛母鼠精便把酉星官要助彭蠡灭妖开湖的事，一一告诉了社神。社神一听，哈哈大笑，说："我正要为此事上天禀明玉帝，好让酉星官灭了你那蜈蚣大王。"白毛鼠精伤心地哭道："天哪，酉星一灭我夫，我也活不成了！"社神忙说："别慌，酉星虽然厉害，但他毕竟是个难星，若不经玉帝下旨，谅也不敢造次。如今看在你的分上，我上天庭，只说他难期已满，请玉帝召他上天，这不就助那彭蠡不成了吗！"白鼠一听，欣喜万分，眼角眉梢现出千娇百媚，把社神弄得神魂颠倒。

彭蠡在社山洞中，等待社神带玉旨回来，好请酉星官一同灭妖。不料一等数日，总不见社神的踪影。这天，彭蠡和酉星在洞中等待，忽然天边响起一声雷鸣,天门开处,飞出一朵黄云,云中现出一员金甲神将,吼道:"玉帝有旨,酉星难满,可速回天庭!"酉星接旨,立刻变成人形,谢过天恩。回头一看,彭蠡愁云满面,泪水汪汪,便无可奈何地安慰彭蠡说:"如今我要回天,不能助你,你可不必难受。我在这洞中禁居有五百年了,洞中有两块岩石受我精华,已孵孕成两只石蛋。我走后,你找到那两只石蛋,用你自身的温热,孵化七七四十九天,再去动手开湖,定能除妖成功!"说罢,告辞而去。

酉星上天后,彭蠡在洞中找着了那两颗石蛋。他将石蛋放在怀中,用心孵化了七七四十九天,孵出了两只金鸡,十分高兴。彭蠡拿着铁锄,带领百姓来到工地,再次破土开湖。彭蠡一锄当先,向蜈蚣精洞穴顶上挖去。洞中的绿头蜈蚣精一听彭蠡又来挖它的洞穴,不由火冒三丈,它怒吼一声,领着小妖大怪赶出洞来,首先将彭蠡围住了。彭蠡招架不住,眼看绿头蜈蚣伸出一只铁钳,要将彭蠡活活捉住,忽然,彭蠡怀中传出几声"喔喔喔"的鸡鸣,随之就飞出大小两只金鸡。蜈蚣见鸡,就像老鼠见猫一样,那小妖大怪一个个吓得急忙东逃西窜。此时,大鸡好比一只下山猛虎,张开彩羽,抖动红冠,抬头就盯着绿头蜈蚣精头部猛啄。小鸡自然也不示弱,仰头抖冠,也狠狠啄着绿头蜈蚣精的尾巴,只啄得一条长达十余里、腰围百丈的绿头蜈蚣翻上滚下,东闪西躲,前俯后仰。

这时,白毛鼠精一见慌了神,自知不是双鸡对手,急忙化作一道白烟,朝社山逃去。哪里晓得,酉星归天以后,已经得知社神与白毛母鼠精勾通,召它回天的真相,便一一奏知玉帝。玉帝大怒,即命酉星官去抓社神回天问罪。刚好,酉星来到社山,拿住社神,正要回天,又见白毛母鼠闯来,酉星将社神庙前的古钟往空中一抛,这钟就飞快地朝白鼠精罩去。白毛母鼠精一见,魂不附体,忙使出打洞绝招,往地下一钻,蹿出一道深沟,穿开一个湖口,直往长江逃去。古钟没有罩住白毛鼠精,落在湖口旁,化成了今日的石钟山。

那绿头蜈蚣精被大、小鸡啄得腿断爪折,满身皮开血流,自知活命无望,便把自身积累了千年的毒气,猛向彭蠡喷去,彭蠡中毒倒下。双鸡一见,更是恼

030

怒，大鸡爪如铁犁，小鸡嘴似铁锥，把蜈蚣啄得无处可躲。这场双鸡啄蜈蚣之战使纵横三百余里的赣北平原地面掀去了一层土，赣北平原成了一个大凹坑，赣江水流直下，积在大凹坑中，便成了现在的鄱阳湖。蜈蚣精气息奄奄，还想做垂死挣扎，企图拦住赣江流水，将尸身横在江上。小鸡一见，一把将它啄成两段，成了现在的"断腰"（在永修吴城东边）。蜈蚣精死了，变成了今日的蜈蚣山（即永修松门山）。大鸡小鸡还恐蜈蚣精复活作怪，便隔湖相对，死死钉着不放，化成了今天的大鸡山、小鸡山（在都昌矶山境内）。

　　从此，江西有了大湖，百姓们为了纪念彭蠡，便取名"彭蠡泽"，也就是今日的鄱阳湖。

化 莲 记

潘沐林

鄱阳湖畔都昌县,从前原来是一片汪洋。不知何时,湖上沉了一座鄡阳古县,飘来了一朵红莲,又不知过了多少个朝代,这红莲便化成了今日的都昌县。各位,要知这红莲从何而来,且听我慢慢讲个明白。

渔郎拦轿开清泉　　龙女赠斧劈南山

话说鄡阳古县,原坐落在三山、四山之间,是个土地肥沃、风景优美、商旅频繁、渔樵耕读之地。只是这年,自元宵耍过龙灯,直到九月重阳,老天爷硬是不下一滴雨水,直旱得井枯塘干,草黄木枯,田地龟裂,颗粒无收。可那贪婪、刁滑的县令花老爷还要干鱼眼里榨泪水,假借祈神求雨之名,大肆敲诈勒索。

这天,花老爷坐着大轿,带着衙役、打手吆五喝六,从乡村敲诈祈雨款回来。行至城边,忽然,一条大汉走来,拉住官轿,大声喊道:"请老爷停步,小人有事禀告。"花老爷一听有人拉轿,便吩咐停下轿来,掀开轿帘一看,见来人二十几岁,长得虎背熊腰,宽面大耳,便不动声色地问道:"你是何人?为何拦我去路?"大汉说:"我是湖畔渔郎,要求老爷许我一事。"

花老爷闻言不禁脸色一沉,大喝道:"你有何事,快快说来。"渔郎说:"我县今年大旱,已是民不聊生,饿殍遍野,老爷不思良策救灾,反而斋醮祈神,箫鼓迎龙,耗尽百姓血汗,难道老爷不见百姓疾苦?"花老爷一听,只觉满脸火辣,恨不得一口吞了渔郎。可在此时,他见四周集聚了许多百姓,众怒难犯,只好忍气吞声,强装出无可奈何的样子,说:"哎,若不祈神求雨,如何解干旱之灾!"渔郎说:"小人素闻老辈传说,本县南山泉源丰富。小人愿为首开泉,以救旱灾。"众百姓一听,当即你言我语,一致赞同渔郎的提议,要求花老爷许诺。这一来可叫花老爷目瞪口呆,暗骂:"渔郎小子,竟敢为首开泉,堵塞我生财之道,我若不处你死刑就枉为堂堂县令!"沉默片刻,两只贼眼溜溜一转,假惺惺转忧为喜道:"小小渔郎竟有此胆量,本官许你七日开出泉来,违者,严惩!"渔郎闻言,明知是狗官刁难,但想到:"开泉是为乡亲救难,纵死也无所畏惧!况且只要人多心齐,七日未必开不出泉来!"于是便满口应承。

渔郎回到家中,把自愿为首开泉之事一一告诉母亲。渔母是个贤惠的瞎婆婆,听说自己的儿子为众救灾开泉,心中甚是欢喜,连夜捣碎树皮,调和白土,做了一袋干粮,让儿子上山食用。

第二天一早,渔郎带领百姓负锄荷锹,攀上南山。可是天旱土结,大家使尽力气,却一日挖不下五寸深土,眼看日复一日,限期要满,渔郎虽累得筋疲力尽,还是不能按期挖出泉来。花老爷暗自高兴,只等限期一满,便拿渔郎问罪。百姓们都为渔郎捏着一把汗。幸好,渔郎的至诚感动了南山脚下一位千年得道的老蛙,它见渔郎一心为百姓救灾,反而受到贪官刁难,心中不平,决心到鄱湖龙宫,去取劈地宝斧。

那天正值龙王寿辰,鄱湖龙宫的水族们白天大摆琼筵,晚上又敬献蟠桃,笙歌起舞,喜气洋洋,好不热闹。龙王的女儿龙女,因为多饮了几杯寿酒,产生游兴,便领着侍儿来到后宫花园之中,观那月印清波,鱼游浅水,虽是清幽雅致,却有凄凉寂寞之感。她不由想起湖上鄡阳,树绿桃红,渔樵唱和,女织男耕,歌舞升平之景,因而唤着侍儿,领路出湖。侍儿遵命,刚欲举步,忽然听得"叮咚"一声,吓了一跳,急忙抽出宝剑,上前一看,见是老蛙,便大怒说:"你是何人?胆敢闯入深宫,吃我一剑!"剑光一闪,正要劈去,龙女忙喝住道:"且慢!"侍儿便收回剑来。龙女望着老蛙便问："你是何处人氏？为何来我后宫？"老蛙慌忙将鄡阳遇旱，渔郎为众开泉反受贪官刁难一事告知龙女，龙女听罢，忙说："既然如此，待我禀过父王，求他施雨便罢。"老蛙笑道："你父胆小怕事，没有玉帝之旨，岂敢依你施雨！"龙女说："那便奏明玉帝，恳求降旨。"老蛙道："鄡阳无雨，是因今年元宵佳节，百姓大耍龙灯，不意打倒一尊神像，玉帝震怒，命令你父母大旱鄡阳。如今你若求他，不但施雨不成，恐还性命难保。"龙女闻言一怔，忙说："这可如何是好？"老蛙道："公主不用为难，只要取得劈地宝斧，便能救助鄡阳。"龙女闻得此言，不由转忧为喜，忙命侍儿去龙宫宝库，把劈地宝斧取来。老蛙见龙女慷慨赠斧，心中不由又喜又忧，喜的是鄡阳旱灾有救，忧的是龙女赠斧开泉，倘若玉帝降下罪来如何担当得了！正想之中，侍儿已取来宝斧，龙女便将宝斧交给老蛙。老蛙接过宝斧，不由被感动得热泪盈眶，于是忍不住便把担心玉帝降罪，恐连累龙女受苦的担忧如实说了。龙女闻言劝说："这你可以放心，我是龙王的爱女，倘若真有不测，父王定会设法救我，你且拿斧去救灾要紧。"老蛙闻此，这才告辞而去。

再说那县令花老爷，眼看七日限期已满，还不待天明，便坐上官轿，带着衙役、打手，杀气腾腾，奔往南山来捉拿渔郎。不料来到山坡下边，忽听得"轰"的一声，只震得地动山摇，险些把他震得跌出轿来。这时，只见南山上飞沙走石，泉水汹涌而下，他们一伙吓得魂不附体，狼狈不堪，灰溜溜转道回衙去了。原来，这是老蛙取来宝斧，劈开了南山清泉，众百姓无不欢呼雀跃，高兴万分。

俗话说："有水好行船。"如今鄡阳有了南山清泉之水，田园转翠，草木抽芽，到处充满了生机。渔郎领着百姓，开渠引水，灌溉田园，翻耕播种。可惜，好景不长，泉水刚流半个来月，全县忽然刮起一阵狂风，狂风过后，那南山宝斧失踪，清泉随之断流。可怜鄡阳全县，又是烈日如焚，大地生烟，百姓仍过着叫苦连天的日子，这狂风何来？泉水又为何中断？真乃奇也。

贬亲女龙王垂泪　　医瞽目渔郎放生

鄡阳刮起狂风，原来是玉帝那日身坐灵霄宝殿，忽见人间银光冲天，俯首一看，只见鄡阳南山之上，有人舞起我盘古开天辟地的宝斧，不由心中大怒，想到此斧乃是五百年前交给鄱湖龙王保管之物，今日为何上了南山，开了御封清泉，违我大旱鄡阳之命！于是，玉帝急命值日官功曹速查。功曹拿出巡天纪录一看，便知此斧乃是龙女私赠，当即奏明玉帝。玉帝听了，再命金甲神将，驾起一阵狂风，去到南山，收回劈地宝斧，重封南山清泉，并赐鄱湖龙王御签一支，要将龙女贬化为鱼，永远赶出龙宫。

且说鄱湖龙王，这日接到玉帝所赐御签，心中真像万箭穿来。想到自己亲生之女，是在二十年前，因为龙后多年不生，所以求神拜佛，拜遍三山五岳，最后还是历尽艰辛，来到南海紫竹林，拜求观音娘娘，娘娘见他们夫妻意诚，赐给妙莲子一颗，龙后服下怀孕，才生此女。如今龙女赠斧开泉惹下大祸，叫他如何舍得贬罚龙女，让她永远离开膝下呢？不过，他又想到，倘若要救亲生女，就会违了玉帝之旨，这不但女儿难保，便连自己的老命也难保。想来想去，不觉老泪直流，无可奈何，只得传令把龙女拿上殿来。

龙女被拿上殿时，早已哭成一个泪人。她舍不得年迈的父王，只好强作精神，安慰道："父王莫为孩儿伤心，儿去为鱼，是儿自作自受，决不怪父王未救孩儿。望父王保重龙体，孩儿纵死黄泉，也于心无悔啊！"龙王闻言，更如刀割心头之肉，只听他大喊一声"我儿"就昏倒在龙座之上。两旁虾兵蟹将慌了，急呼"大王醒来"。经过一番急救，龙王才渐渐苏醒，张眼一看龙女，便又叮嘱道："我儿此去为鱼，千万要小心鱼钩、渔网，切莫贪玩好耍。"龙女也叮嘱道："儿去之后，父王切勿思念孩儿。心到烦时姑饮酒，思念骨肉且围棋，白天莫到儿住处，夜深休听子规啼。"龙王听了此番言语，不由仰天长叹一声，大喊道："天哪，天哪！你统率水府千百万虾兵蟹将，执掌鄱阳湖八百里云雨大权，身坐王位，可谓官高极品,为何今天竟连自己亲生之女,也难救得!"喊罢便拈起御签,又叹道:"御签呀,御签!你为何这么无情?你,你,你难道硬要我骨肉分离!"言到伤心之处,龙王龙女又是抱头大哭。这时,蟹将报道天色不早,催促大王立即施刑,龙王无可奈何,只得拿起御签,几回欲插又止,真难以下手。忽然,龙王心下一动,暗暗想到,此签乃是玉帝上天之宝,插入龙骨,便能化龙为鱼,确实神通广大。何不利用此签变化无穷,将签浅浅插入儿身让儿为鱼,不久,再拔出签来,或许可以救得孩儿,岂不是好!龙王想到此时,便暗自拿定主意,将签浅浅插入龙女身上,只见龙女倒在地上,滚来滚去,十分痛苦,在几声撕人肺腑的凄厉声中,化成一尾红鳞鲤鱼,凄楚地游离了龙宫。

按下龙女不讲,且说鄡阳,自泉水断流,花老爷又一边大肆勒索祈雨捐款,一边寻机谋害渔郎。这天,花老爷与巫师商定出一条毒计,立即派了两名衙役,前往湖畔草棚,捉拿渔郎去了。

且说渔郎这天下湖打鱼,由于天旱水浅,鱼不上网,一直到黄昏时近,才从湖心捞到一尾红鳞鲤鱼。说也奇怪,这鱼一见渔郎,双目垂泪,甚是可怜。渔郎仔细一看,见这鱼满身通红,身上还长着一条长鳍,恍似官家的朱签,心里又是诧异,又是生怜,收网回家,便将红鲤鱼好好养入水缸之中,并告诉老母。渔母也生恻隐之心,叮嘱渔郎勿去卖鱼买米。渔郎遵从母命,便负锄提筐,到湖边挖些草根前来充饥。

渔郎一走,渔母忽闻水缸之中,鱼儿跃跳得水声甚响,心想,莫非是猫儿要害红鲤,于是急忙摸到缸边,要用缸盖盖起缸来,不断摸来摸去,硬是摸不着缸盖。那鱼在缸中更是跳得厉害,渔母生怕它跳出缸来涸伤,忙用手护缸口,那水花溅到渔母的面上,渔母用手拭擦面上水点,水入目中,只觉得一阵清凉,一下子两只瞽目便得见了天日。渔母欣喜若狂,大喊:"我儿快来,我儿快来!"渔郎这时挖来草根,一听母亲呼唤,急急跑来问道:"母亲呼儿何事!"渔母说:"这条恩鱼,医好了娘的瞽目。"渔郎闻言,一看母亲,果然双目重见光明,一时便欢喜得高呼起来："谢天谢地,这红鲤真是我们的恩人了!"渔母也忙叫道："快备香纸礼炮,送恩人回湖。"

谁料,就在此时,那花老爷派来拿渔郎的两个衙役正好来到门外,见了渔郎,便大声喝道："花老爷有令,拿你进衙回话!"渔郎忙问："我有何罪?凭什么拿我?"衙役说："不管你有罪无罪,且跟我快走!"渔郎说："哼,要走可以!谅他钢刀虽快,难斩无罪之人。不过,你待我送过恩鱼下湖,再走便是!"衙役听说有鱼,便一同伸长脖子往缸里一看,只见一条活泼的红鳞大鲤,足有三斤重,不由垂涎欲滴,齐说："什么恩鱼不恩鱼,且给我们下酒。"说着便伸手从缸中将红鲤抓起来,渔郎只抓住了鲤的长鳍,用力一拉,把长鳍从红鲤的身上拔了出来。衙役仰背一摔,红鲤已落在地上。渔郎见红鲤血迹斑斑,便迅速将红鲤抱在怀中朝湖边奔跑,将红鲤放入湖中去了。衙役爬起来怒不可遏,拿出锁链,气呼呼赶上前将渔郎套住。渔母一见,心痛欲绝,大呼"天哪,我儿",便朝前扑去。

醮坛母子哭死别　　刀下村女斗贪官

花老爷拿了渔郎,连夜命令巫师,在湖畔设立醮坛,高搭祭台,假借神权,第二日午时三刻,便要杀渔郎祭神。第二天,鄱阳湖边摆起了罗天大醮的醮坛。醮坛上,香烟缭绕,明烛高烧,正中法台上,巫师披发仗剑,两边摆着十殿阎王,门口屹立牛头马面,令人一见,不寒而栗。不一会儿,只听得一阵吆喝,花老爷已坐轿来到,他上香已毕,坐上主祭之位,大喝一声:"带渔郎!"顷刻一片喧哗,刽子手拥推着身披重枷的渔郎,一齐来到坛中。

这时,四乡百姓闻讯而至,他们有的备了香纸爆竹,有的带了冷饭冷菜,争着要举行活祭。眼看祭台上摆着一只木盆,只等时刻一到,便要割下渔郎脑袋,放在木盆中祭神。大家无不伤心落泪,真是"泪水汇集满湖水,愁云浓罩古鄡阳"。午时将至,巫师手持木剑,烧了纸符,口中念念有词,然后装模作样,大喊一声"吾神来也",紧接着就问渔郎:"你阻挡祭奠吾神,可知罪否?"渔郎应道："我为民开泉，不知所犯何罪？"巫师大怒道："大胆刁民，还敢狡辩！若不取汝首级，吾神将要鄡阳大旱三年。"众百姓闻言，忙一齐跪求道："望大神恕了渔郎，我等愿再塑金身，重修庙宇。"巫师说："你等休得多言，倘不杀渔郎，你等便有旱灾之难。"渔郎闻言，急忙问巫师说："倘若杀了我渔郎，大神可赐时雨吗？"巫师闻言不由一愣，正不知如何答好，可一看花老爷瞪眼看他，也就咬牙答道："吾神可赐甘霖！"渔郎听了便慨然不怯地说："好，既然我死可换甘霖，我岂惜头颅！"百姓们一见渔郎慷慨献身，一齐大呼："渔郎！"顿时哭声大起。渔郎见此情景也不由含泪对百姓们说："乡亲们哪，不要悲伤！我死之后，神明赐下甘霖，各位须抓紧时机，池塘多蓄水，田地早翻耕，切莫浪费如油之水。"众百姓听了，更是泪雨滂沱，哭声动地。

此时，渔母跌跌撞撞扑入醮坛，抱住渔郎哭诉起来："儿呀，你一生孝顺亲娘，为人仁义，为何天地无眼，反叫我儿做刀下冤魂！"渔郎也哽咽着喊了一声"亲娘"，便挥泪安慰渔母："娘亲莫要伤心，儿死之后，神明赐下时雨，娘见了枯木枝头红花吐艳，那便是你的亲儿归来看娘了。"渔母心如刀绞，放声哭道："儿呀，你死之后，叫娘依靠何人？锅悬无米谁来送，炊断无柴谁打来？娘心有话跟谁说，死后尸骨谁掩埋？"渔郎闻此，跪向众百姓道："乡亲们哪，我死之后，望乡亲念我亲娘年迈无依无靠，在生时口中节些残羹剩饭，施舍给我娘聊充饥肠；老娘死后，给一副薄木棺板，收殓我娘尸身。我渔郎便在九泉之下，也不忘诸位之恩！"言罢，倒身大拜。醮坛中无不痛哭，便是铁石心肠之人，也是泪水盈盈。

花老爷见此情景，担心发生意外，忙示意巫师，快杀渔郎。巫师会意，挥动木剑，大喝一声："开刀！"刽子手闻令提起鬼头刀，只见一道寒光，正要朝渔郎砍去，忽闻坛门外一声大喊："且慢！"随着便飞步走来一位村女，护住渔郎，对花老爷说："求老爷莫杀渔郎！"花老爷见村女长得仪表非凡，好似天仙下界，心头不由一愣，忙问："你是何人？为何阻我祭神？"村女说："我乃村女，求老爷饶了渔郎，我愿代他祭神！"花老爷听了大惊，忙说："你与渔郎何亲？为何愿意以身替死！"村女被问得愣了一下，说："我是渔郎之妻，妻代夫死有何不可？"花老爷目瞪口呆，百姓暗觉奇怪，渔郎也觉莫名其妙。巫师却说："吾神须杀渔郎，岂能杀你无罪之人！"花老爷这才大悟说："是呀，大神杀了渔郎，才会施降甘霖，你死何用！"村女道："杀了渔郎真能有雨？"花老爷忙应："神明之言，岂可不信！"村女闻言，略思片刻，便将计就计说："呵，不错。昨夜我曾见了龙神，龙神说杀了渔郎也无雨下。"花老爷说："我便不信，你能见得龙神！"村女说："老爷不信神言，且随我一道去到龙宫，问个明白。"言罢，伸手拉起花老爷："走，你我一道下湖！"花老爷吓得魂不附体，忙说："我可无能下湖，我可无能下湖！"村女说："你既不能下湖，为何知道杀了渔郎龙神会降雨！"几句话问得花老爷目瞪口呆，这时，众百姓也趁机起哄，一片噪叫。花老爷听了急指巫师道："是，是，是他……"巫师一见，生怕村女拉他下湖，忙将木剑一挥，大吼一声"吾神去也"，跳下法台，跑了。花老爷见巫师一走，心里更是惊慌，俗话说"人急计生"，他忽然堆出满脸假笑，对村女说："你这女子很有胆量，本官完全信你见过龙神。不过，如今鄡阳受灾，百姓全在火坑之中，本官为解民众痛苦，特命你再去龙宫，拜见龙神，祈求雨水，你看如何？"村女应道："要求龙神不难，只要饶了渔郎，我便去。"花老爷忙应："好，好。只要你今天求得龙神降雨，本官明日便放渔郎。"村女道："一言为定！"

下龙宫取令降时雨　化莲花救难浮都昌

各位有所不知，这村女便是龙女，因为她被贬为鱼，幸被渔郎网起，凑巧又拔下了长鳍，那长鳍便是玉帝贬她的御签，所以她转还了龙体。听说花老爷要杀害渔郎，她便化作村女，前来搭救。这时，她满口答应了下湖求雨，也是出于救渔郎心切，没有细思施雨之难。现在她来到湖边，正不知如何是好，忽听有人喊叫"公主"，她回头一看，见是老蛙。这老蛙见面便说："公主为何答应下雨？"龙女道："为救渔郎，心下欠思，你看如何是好？"老蛙道："事到如今，只有去到龙宫,取来你父王的施雨令旗,调动风伯云师、雷公电母,降雨便可。"龙女说道:"好,这就请你助我一臂之力。"

接着,龙女和老蛙便一道下到湖底,悄悄进入龙宫,来到龙王宝殿之上。那施雨令旗乃是上天玉帝钦赐之物,高悬在宝殿正中。龙女伸手上前一拔,不料触动了旗下的铃铛,只听得"叮叮当当"一阵声响,便震动了整个龙宫。那虾兵蟹将,一个个顶盔披甲,持枪舞刀,从四面八方涌了出来,刹那间,把整个龙宫封锁得水泄不通,好似铁壁铜墙一般。

龙女和老蛙此时虽然拿到令旗,可无法逃出龙宫。二人正无计可施,忽听得人间鸡啼三响,已是夜色将阑,如不迅速出宫施雨,渔郎便难救得。老蛙苦思良久,忽然记起一物,忙对龙女道:"公主,有救了!"龙女问:"计从何来?"老蛙道:"我在湖边拾得玉帝贬你御签一支,不如再次插上公主龙体,再次化鱼,你我一道出宫便是。"龙女大喜。老蛙急忙取出签来,扶着龙女,刚欲举手插去,忽又想到:龙体化鱼,可要粉身碎骨,心下怎忍叫龙女再受这般痛苦!手上一软,就是下不了手。龙女见老蛙欲插又止,便说:"老蛙,你且插来,别怕我受痛苦,须想到鄱阳无雨,百姓可怜,渔郎命在旦夕呀!"老蛙听了此言,才咬紧牙关,轻轻往龙女身上插下去了。顷刻,龙女化成红鲤,口衔令旗,老蛙现出原形,一同游离龙宫。

龙女与老蛙一出湖面,便跃上天空,展开施雨令旗,调来了风伯云师,呼来了雷公电母,刹那间鄱阳全县大雨倾盆。

这时,玉帝闻报鄱阳降下大雨,心中大怒,传下玉旨,要鄱湖龙王迅速水漫鄱阳,诛灭龙女,以正天规。龙王一接此旨,心中只是暗暗叫苦,即点百万虾兵,调动千员蟹将,浩浩荡荡,杀向鄱阳。

且说鄱阳得了这场好雨,村民们家家焚香,户户顶拜,感谢上帝。天刚亮,大家便来到县衙接出渔郎。正在狂歌漫舞、笑声遍地之时,湖上忽然狂风大作,白浪滔天,席卷鄱阳而来,龙女一看白浪之中虾兵汹涌,蟹将兴澜,便知情况不妙,于是急急迎浪而进,拦住众水族,说:"你等且住,降雨是我所为,请告父王,我愿自缚服罪,且救鄱阳生灵。"众水族见公主说出此言,便都按住浪头,报于龙王。龙王闻报,心中又是恼恨,又是同情,无奈天命难违,只好咬紧牙关,喝令拿住龙女,迅速水漫鄱阳。龙女见众将继续兴风作浪,并要拿她,心知父王不敢违背天命,于是夺过一把宝剑,与众水族大战起来,直杀得天昏地暗、日月无光,众水族休想推进寸步。玉帝在南天门外,见龙女誓死抵抗,更是火冒三丈,再令金甲神将,带了劈地宝斧,驾起一朵黄云,来到鄱阳城下,朝鄱阳地脉上猛砍一斧,只闻"轰"的一声,山崩地裂,水冒千丈,可惜鄱阳大好绿水青山,红楼村舍,全都渐渐沉入湖心。百姓们沉浮于茫茫浊浪之中,呼爹喊娘,哭子啼夫,好不凄惨。

　　龙女见状,不由得泪流满面,挥动宝剑誓与金甲神将以死相拼,哪知这金甲神将一见龙女,便盖头劈下一斧,龙女躲闪不及,正中头颅,只见红光一闪,顷刻红遍湖水。不一会儿,这红光又迅速汇集,结出一朵鲜红的莲花。这时,老蛙急忙赶来,手扶莲花,大声向落难乡亲们高喊道:"乡亲们,莲花是公主的化身,快上花瓣,飞离苦海。"众百姓闻言便互相攀上花瓣,唯独花老爷一班恶棍攀不上去,全被淹入洪水之中。那红莲载着百姓,不知在湖上飘了多少时间,也不知经历了多少风风雨雨,便变成了"鄱阳湖上都昌县,灯火楼台一万家"。直到今天,民间还有"沉鄱阳,浮都昌"之说。

孽龙耖鄱湖

常纶桂

鄱阳湖水连天，天连水，渺渺无边，横亘八百里。可是，鄱阳湖原先并没有这么大，只不过几里路宽。传说，后来是孽龙耖大的。

相传，鄱阳湖边寿山一带，老早是个人烟稠密的地方。那里有个村子叫白家滩，村里有个姓聂的小孩，刚出世就死了爹。他娘一年到头里外两头忙，顾不上管教儿子，所以这个小孩从小养成了一股野性子，嘴臭，手脚贱，三天两头跟人家打闹。他娘常常被气得伤心落泪，骂他是"祸根蒂子""前世冤孽"。久而久之，大家都把那小孩叫作"孽仂"了。

孽仂不仅老闯祸，还特别喜欢戏水。他一头钻到湖里，从湖这边游到湖那边，还觉得不过瘾。听到人家说东海无边，他恨不得鄱阳湖也变得那么大才好。

有一天，孽仂和一伙村童跑到老远的一块草坪上打闹，又喊又叫，又哭又笑。有个最小的孩童学"乌龟爬沙"。他爬呀，爬呀，忽然看见身边草丛里有个红闪闪的东西，扒开茅草一看，咦！是一只蛋，大小和团鱼蛋差不多，可是蛋壳子是红红的，这是什么蛋呢？他从来没见过，就大喊大叫起来："大家快来看啰！"

村童们听见喊叫，一齐奔过去。这新鲜的小蛋谁不想要？孽仂不但性子蛮横，手脚也快，冲过去一把抢到了手，其余的孩童一窝蜂围着孽仂抢。孽仂眼看人多手杂，连忙含进嘴里，转身朝村里跑，其他孩童便呼噜噜跟着紧追不放。

孽仂眼看脱身不得，就想骂人，可是嘴一动，放在嘴里的蛋就突然"咕噜"一下滚到肚子里去了。

这下可不得了！孽仂吞下肚去的是一只火龙蛋。

孽仂吞下了火龙蛋，无精打采地往家里走。走着走着，他忽然觉得肚子里像装着一团火，浑身燥热。他一跑进家门，就喊："娘，我要喝茶！"他娘正在织布，头也没回地说："茶壶里有茶，你自己喝吧！"孽仂跑到桌子边，端起茶壶就"咕噜，咕噜"一口气喝光了。他觉得还不解渴，又喊："娘，我还要喝！"他娘有点不耐烦，就说："你到缸里去舀水喝吧！"孽仂跑到水缸边，弯下腰去，咕嘟咕嘟地喝掉了一缸水，还是喊叫："渴！渴！"做娘的以为又是儿子故意调皮捣蛋，也没仔细想想，就说："你还要喝，就到湖里去喝吧！"孽仂二话不说，当真转身出门，跑到了湖边。他起先趴在水边喝，后来干脆一头扎进湖里去了。

孽仂跑出门好大一会儿，他娘仔细一想，觉得事情有些奇怪，赶紧丢下手中的活，随后追到湖边来了。可是，湖边哪里还有儿子的踪影！她心里急得像火烧，一面找，一面喊："孽仂，快回来哟！"可是，任凭他娘喊破了喉咙，也没听见孽仂的应声，只见湖里的风浪越来越大了。原来，孽仂吞了火龙蛋，已经变化成龙，正向深水里游去。从白家滩到寿山，他娘喊一声，孽仂就回头望一望，卷起的狮头浪在湖岸冲出一道湾来。娘总共喊了十三声，孽龙回头望了十三次，湖岸就被冲出了十三道湾。后来，这里就流传着这样的谚语："白家滩头十三湾，弯弯曲曲到寿山。"

再说孽仂变了龙，野性仍旧不改，经常兴风作浪，冲毁了田地，卷走了牲畜，刮倒了房屋，吞害了人命，落得千人骂，万人怨。然而，骂也好，咒也罢，孽龙都全然不理。它打算在鄱阳湖四周秒出一百条大河、一百个湖汊，把鄱阳湖变成无边的大海。于是，它从庐山东边开始，就地卷起狂风夹带着暴雨，山呼海啸般地冲击着湖岸。它先向北冲闯，闯开一个口子，使鄱阳湖跟长江连通了，引得江水倒灌入湖，湖水暴涨。它又向西冲闯，闯出了一条修河，引得山洪暴发。接着,它横越鄱阳湖,向东闯出了一条饶河,向东南又闯出了一条信河,又引得洪水向东漫涨。孽龙这样恶狠地秒呀秒,又沿湖岸卷秒一周,卷出了九十九个大湖汊。最后,它便一头向南闯去,冲开了赣江、抚河,暴涨的湖水淹漫南昌,涌向西山。

这下,惊动了在西山得道成仙的许真君。许真君决意为民除害,捉拿孽龙。他在黎山老母的相助下,终于用锁龙链锁住了孽龙,押往南昌西山,插剑成井,把孽龙死死锁在井里。除非铁树开花,永世不准它出来。

孽龙虽然被锁起来了,但鄱阳湖毕竟被它秒大了,成了现在的八百里鄱阳。

"沉鄡阳,浮都昌"的传说

詹玉新

两千多年前,汉高祖刘邦在周溪泗山前面筑了一座城,立了一个鄡阳县。这鄡阳县城在饶河水路要道上,过往的商船渔船特别多,很快就繁荣兴旺起来,光打金换银的店铺就有七十多家。后来有一年,鄡阳县调来了一位姓侯的县令,这位侯县令既贪财又好色,许多奸商刁贩便向他行贿送美,搞得平实老板生意凋零,良家女子遭殃;强山的湖匪也趁机夜入县城,杀人劫财劫色。为躲避祸患,百姓纷纷逃离鄡阳县城。几年工夫,鄡阳县城变成了一个善人逃尽、恶人横行的鬼府狼窝。

鄡阳城西有个地方叫石壁墩,墩上住着从鄡阳县城逃出来的母子俩,母亲年迈多病,儿子陶焦每天都要下湖捕鱼侍奉老母。那一天,鱼没捕着,倒捕到一只金光闪闪的梭子。陶焦好生奇怪,估计是过往船上的商人丢落的,便在湖滩上守了三天三夜,可就是不见有人来领取这只金梭。第四天清晨,只见一个年轻美貌的姑娘来到湖滩上,对他说:"小哥,感谢你的好心和善良,那金梭就送给你吧。千万记住,无论发生了什么,你都要把它藏在身边,保你平安无事。"说完,霞光一闪,那姑娘不见了。

话说有一天,鄡阳城里出了三件怪事:一是丽日高照的大白天,突然变得昏天黑地;二是满街老鼠成群结队四处乱窜;三是一个披头散发的疯女人满街狂呼乱叫:"快盘!快盘!"弄得满城一片惊慌。也就在这一天,侯县令又强娶来一个民女,这民女如花似玉,侯县令恨不得立刻抱上床。那民女说:"我一个渔家人,满身腥味,让我先洗个澡吧。"当那女子一跳进洗澡盆,澡盆里的水立即上涨,四面溢出,很快涨满了后堂,冲向县衙大厅。那女子指着侯县令骂道:"狗官!你霸尽县内良女,榨尽百姓钱财,把一个好端端的鄡阳县城搞得虎狼横行,民不聊生,天地岂能容你!我乃彭蠡湖龙王的小女龙驹,受父王之命,今日要荡平鄡阳!"说罢,挥动黄龙旗,大喝一声:"沉!"霎时电闪雷鸣,天摇地动,整个鄡阳县城在晃荡,南面城头山崩开一道裂口,滔天洪水奔涌而入,转眼间,鄡阳县城便沉没在一片汪洋之中。

陶焦听懂了疯女人的话,劝说百姓都盘(搬)到了泗山避难。大难来时,他身藏的那只金梭变成了一条金光闪闪的龙船,载着他母子俩在波浪翻滚的水面上向西北方向漂浮而去。

第二天清晨,人们发现,在彭蠡湖西北方的湖心上突然浮出了一片荒草洲,洲上的芦苇棚里住着陶焦母子俩和那位龙驹公主,人们把这片荒草洲叫浮洲。这浮洲上人丁繁衍极快,农渔日益兴旺,浮洲便改称昌洲。至唐朝武德五年(公元622年),昌洲便立县为都昌。

一千五百多年前的特大地震,鄡阳县城沉没了,只留下了一座醒目的城头山,而"浮"起来的都昌与时俱荣,取代了当年的鄡阳古城。"沉鄡阳,浮都昌"这个美丽神奇的传说千古流传。

鄡阳古城遗址是鄱阳湖上具有悠久历史的古文化遗址之一。古城遗址最醒目的标志是城头山。丰水期,遗址沉埋在湖底;枯水期,遗址全貌裸露在外。

龙驹公主怒沉鄡阳

刘章高

两千多年前,在鄱阳湖中的泗山附近,汉高祖立了一座鄡阳城,因为这县城是饶河水路要道,过往商船连接不断,县城很快繁华起来,光打金店就有七十二家。

话说这鄡阳县城外的一个湖洲墩子上,住着一户人家,两老夫妻带一个儿子,靠打鱼为生。他们一家辛辛苦苦风里闯,浪里行,还是有上餐,没下顿。儿子阴焦儿为人诚实,长得也很帅气,还拉得一手好琴,吹箫吹得云不飞,唱歌唱得人散魂。

有一天,阴焦儿又在湖洲上吹箫,他的箫琴声却惊动了水底的龙宫。龙宫里的龙王爷正在做寿,请了不少戏子凑热闹,阴焦儿在水面唱一声,龙宫里戏曲就哑一声。那操办庆寿的是龙王的三女儿——龙驹公主,她急忙派出虾兵蟹将,下令一定要把那吹唱的客官接来,共庆大寿!虾兵蟹将不敢怠慢,变做凡人模样,一溜就来到湖面上。他们说:"客官箫歌绝妙,俺龙王爷正在做寿,请到龙宫共乐一番。"一帮人不由分说,就把阴焦儿抢走了。

阴焦儿毫无办法,只好闭着眼,伏在那蟹将的背上,不一会儿,就到了龙宫。他睁眼一看,哎呀!龙宫到处金光闪闪。龙驹公主走过来,笑眯眯向他作揖,把他引到戏台对面的客厅里,请他单独吹唱。阴焦儿从怀中取出管箫,舔了一下竹膜,吸饱气,轻轻一声吐音,把那边看戏的一下子吸引过来。当他吹完一曲时，那边戏台上下一个人影也没有了。龙王爷说："戏子几十个，抵不上一个吹箫儿。"于是，下令要阴焦儿长留在身边吹唱，并且决定把三公主配给他做妻子。阴焦儿在龙宫过得也很快乐。

不知过了几天，阴焦儿忽然想起，过两天就是父亲六十生日，要回家去看望看望，他把这一心事跟公主和龙王爷说了。公主很同情他，同时也想去看看公爹公婆和湖上风光，就在父王面前极力说好话。龙王爷准许了，让阴焦儿回去一趟，过几天就得回来，并且打开龙宫宝库，让阴焦儿选些宝贝带去。阴焦儿看到宝库塞得满满的古怪的宝贝，不知道拿什么好，悄悄去问公主。公主说："别的什么都不要，就拿神龛上那只月瓶去。"阴焦儿就真的拿了那只月瓶，告别公主和龙王，一个人又"呼呼呼"来到了那块吹箫的湖洲上。

阴焦儿出龙宫时是清早，可是，凡间却是夜沉沉的，到处漆黑一团，好不孤寂。他想起了公主，便双手抱起月瓶，对着瓶禁不住念出公主的名字。谁知这一念，月瓶陡然闪光，渐渐涨大，从里面轻袅袅飘出个人影来，阴焦儿一看，正是龙驹公主。阴焦儿十分高兴，却又发愁地说："深更半夜，在这湖洲野外，我俩到哪里落脚哇？"龙驹公主说："这有何难，这月瓶是只宝瓶，要什么只要对它说一声，它就马上变来。"于是，龙驹公主对月瓶说了几句，袖子一挥，湖洲上立刻现出了一幢府堂来，红光绿灯，十分气派，夫妻俩甜蜜蜜地睡了一夜。

天一亮，阴焦儿带公主去家里看望爹娘和兄长。一走进屋，一家人都非常高兴，问长问短。吃过酒，阴焦儿对哥哥说："今天你给爹爹做了寿，明天我接爹爹到我家去做寿，还要把那县城里的头头官官也召去，让他们也看看俺的造化，也要奚落耻笑他们几句。"

第二天，阴焦儿家里非常热闹，鄱阳城内的地方头人和大小官员觉得新奇，三三两两都应召来了。他们一看到这豪华的府堂，都眼红得滴血。只见府堂金光灿灿，府前有摇钱树，后厅有聚宝盆，左厢是戏台，右厢是曲院，花园里金藤玉树，四十八间跑马楼，间间都有雕龙刻凤床……寿席上，什么山珍海味都有。大家吃吃喝喝好不欢乐。天色晚了,阴焦儿有意留这些官员头人住宿,明天再走。那些官员头人早就想在这里享享福,一倒在柔软的凤床上就"呼噜噜"睡着了。

半夜时分,阴焦儿想:这些头人官员平素总是盘剥俺,打鱼也得让他们占鲜头,现在我要惩罚他们。于是,他作了个法,把那些头人官员住的府楼全都收了。第二天上午,那些官员头人一觉醒来,有的睡在刺丛里,有的睡在坟凹里,有的光屁股被太阳晒起了水泡。这一下不得了,他们一起吵起来:"阴焦儿呀阴焦儿,你这样捉弄俺们,看俺们不去告你的状!有你受的!"

那些官员头人急忙告到鄱阳县侯太爷那里,侯知县有些不相信,他亲自坐着轿子出城察访。到了阴焦儿的府前,知县眼都呆了,这府堂比县衙还要繁华,其中一定有鬼,知县径直来到大厅,阴焦儿连忙迎接。龙驹公主备有酒菜,对丈夫说:"侯太爷第一次上俺家门,你要去敬上几盅。"席间,知县尽问阴焦儿的家事,问那府堂的来由,阴焦儿说:"这都是多亏了贤妻的造化呀。"知县听说,就借故溜到灶房去看龙驹公主。这真是不看无事,一看落了魂!龙驹公主本是龙宫的仙子,侯太爷贪尽花色女子,可这般仙家美女,从来没见过。于是,侯太爷顿生邪念,他对阴焦儿说:"我有十二个老婆,随你挑一个,换你的妻子,行吗?"阴焦儿当然不肯。知县脸一翻,桌子一拍:"大胆刁民,拐人财物不算,昨夜又作邪辱我大小官员,本县判你死罪!若愿将妻送县,免你一死。不然,就地斩首!"说罢,扬长而去。阴焦儿吓得双脚不落地,半天没话说,龙驹公主问明原因,心中十分难过。她想了想,抬头对阴焦儿说:"夫郎!我非凡人,是不可能跟你从俗百年的,你就答应了吧!县衙别的东西你都莫要,只提那当中一只空箱子来,他十二个老婆,你挑那个瘦小的小秀来,她也是被逼去县衙的苦人儿。另外,你赶快告诉爹娘,叫他们带着城外邻居们往城头山上搬家。夫君,这月瓶你千万别离身哪!"夫妻俩难舍难分,不禁抱头痛哭。

第二天,侯太爷赐给阴焦儿四十亩地,一车金银,吹吹打打送来小秀姑娘,接去龙驹公主。龙驹公主被接到了知县后堂,侯知县嘴都笑歪了,他急着要婚宿，龙驹公主说："官人且慢，我既有前婚在身，应该痛痛快快地洗个洁身澡。"知县更是欢喜，马上办到了。龙驹公主在腰边取出五面小黄旗，插在水盆周围，随即跳入水中，这侯知县是个无赖，他见美娘子下了水，更加得意忘形，把身上脱了个精光，想戏弄姣娘。一眨眼，龙驹公主水袖一挥，五面黄旗即刻变成五条金龙，哗啦啦，盆水陡涨，溢出盆口，涨破后堂，县衙内只听见轰隆隆洪水直撞……龙驹公主拧着知县的耳朵，怒声呵骂："恶贼狗官，榨尽百姓钱财，强占民女，欺压百姓，把好端端的鄡阳县城弄得虎狼横行。你罪恶滔天，今天看看龙驹公主的厉害！"喝声中，只见昏天黑地，雷公射出忽闪闪的剑一样的光，把天地割破一道道口子，天河的水淌下地，地下的水涌上天。雷公吼叫，震得房屋跳起来。那几条龙翻来滚去，把湖水卷成水桶粗的水柱，冲下来，县衙在汹涌的浪涛中一片片倒塌。突然，龙驹公主从水中蹦出，一声怒吼："沉！"声音在天地间打战，只见县衙那里一道白光冲到九霄云里，接着轰隆隆叭啦啦一阵爆响，地盘上裂开了河一样宽的口子，从口子里喷出紫红的火焰，县衙里的头人官员和整个鄡阳城内奸商刁贩、强人盗贼，摇摇摆摆，哗哗啦啦，一起陷进地口，沉入水底了！沉完后，地口合拢，鄡阳便成了一片望不到边的汪洋。

　　据说，阴焦儿和小秀成了婚。他俩有月瓶在身，在翻涌的湖面上平平稳稳漂流到东北面的湖岸边，这是鄡阳县城下沉后，刚刚浮起来的一块地方。阴焦儿夫妻俩在这里住下，繁衍子孙，慢慢地，这里就成了都昌县城。

文化都昌·传说卷

龙城的传说

王三定

关于都昌县的由来,县志上有"县有都村,南接南昌,西望建昌"的记载,但民间传说关于都昌的由来却是大相径庭。这里有一个动人的传说。

都昌县地处鄱阳湖北岸,三面环水。它像一位站在长江南岸的巨人,头顶北部是高大延绵的武山山脉,左右手臂是苏山、大九山山脉,中部的阳储山脉像巨人的身躯,脚踏鄱湖。这些山脉既像天然的城墙屏障,又像蜿蜒舞动的巨龙,奔腾入湖。南北朝时期，鄡阳县址由于地壳运动沉没后，隋文帝杨坚得知都昌地形山川异常俊秀，于开皇三年（公元583年）特命名为龙城县。

自此以后，龙城即将诞生"真命天子"并将建都、永远昌盛之说不胫而走。这事传到了隋文帝耳中，他觉得非常害怕，自己辛辛苦苦打下的江山恐被人夺去。于是，隋文帝便派亲信大臣到龙城核查此事是否属实。

钦差大臣来到龙城县境，果见山川秀美，灵气缭绕，有王者之气象；加之，黎民百姓喜气洋洋，闾巷议论纷纷："真龙天子即将降世，龙城就要成为都城。"这位钦差大臣就急忙搜集情报，绘出山川图形，不敢擅作主张，火速回京奏闻隋文帝。隋文帝忙召集群臣商议，最后结论是：龙城山川形胜风水好，加之冠以"龙城"之名，更是如鱼得水，相得益彰，必须尽快破坏之。

于是，隋文帝在开皇十八年（公元598年）下令废置龙城县，改入彭泽县，并派人到实地"挖断后河颈"，把此处的龙脉斩断，使真龙不能成活。谁知，这后河颈白天千人挖，晚上却有万人填，成千上万的兵卒没命地干了两天，不仅没有半点效果，而且后河颈还增高了两尺。官兵们觉得非常奇怪，是谁胆大包天敢与大隋作对？于是，他们派人晚上进行放哨，一探究竟。三更时分，天空刮起了一阵大风，只见一皓首白眉、长髯飘然的老者手拄一根拐杖，忽地一声呼哨，顿时后河颈不知从哪里冒出黑压压的一片人，足有万余人，挖的挖，挑的挑，驮的驮，推的推。不消一刻，白天挖的土全部被填回原处。一声呼号，黑压压的人群又倏然消失得无影无踪。放哨的人看得瞠目结舌，大气都不敢出。其首领得知此事后，也不觉心中一惊："莫非真有神灵相助？如是，此事棘手矣！又怎向皇上复命哉？"第二天，他带领士兵照样开挖，晚上他亲自探看究竟，果然如昨晚哨兵所见一样。他回住地后，急得像热锅上的蚂蚁，不知如何是好。

这时，身边一位谋士看见首领急成这样，就试探性地说："我看明天还是再增加点兵力继续开挖，暗中再派人观察其神鬼的动静，听他说些什么，或许能找出解决的办法。"这位首领别无他法，只好点了点头。白天官兵照样添兵开挖，晚上，派了暗哨，神鬼依旧在回填复土。只听得神鬼们在声声议论：这班官兵实在愚蠢可笑。让他们挖吧！我们奉陪到底。土地公公说了，他们要想挖断后河颈，除非砍倒南山竹，钉死吕公岭。这些话全部被暗哨听见了，暗哨原原本本地告诉了首领。

首领的脸上马上由阴转晴，愁眉顿开。第二天，首领立即将官兵分为两队，一队前往南山砍竹，一队前去钉死吕公岭。

去南山砍竹的一行官兵带上斧头，见竹子就砍，把南山的竹子尽数连根毁掉。劈开竹子一看，每一竹节中都有一幅栩栩如生的人物画：他们一个个头戴各种头盔，身穿铁甲，背负箭筒，一手紧执骏马缰绳，一手紧握刀、枪、剑、戟，一

只脚落地,另一脚已踏入马镫,威风凛凛,气宇轩昂。自古有"后出天子先出将"之说,即将诞生的新一代千军万马,却这样被斩杀在孕育之中。后河颈被挖了。去吕公岭的一行官兵扛着专门铸造的铁钉,把铁钉钉在吕公岭上。

此时,苍天突然电闪雷鸣,风雨交加,暴雨如注。龙城大地颤抖了三天才归平静。

尽管真龙天子没有在龙城降生,隋朝还是很快被唐朝取而代之。唐高祖于武德五年遂置都昌县至今,意即"都城之慨,永远昌盛"。

天落印山

詹玉新　刘章高

在鄱阳湖上,都昌县城的南面有一座四方如削、形状很像玉印的小山,名叫印山。这印山原是天上玉皇抛下的。当时,他认定都昌县地界是块真龙宝地,天生的紫禁城,准出一代真龙天子。可是,中途被凡间人皇诬告到天庭,新建的皇宫未建成,新发的天子未降生,抛下的玉印变成了一座小山。

话说晚唐宣宗大中年间,朝廷十分腐败,暴政残酷,四方百姓忍无可忍,纷纷聚义造反,皇帝对此十分惊慌,接连召集文武百官追查反军,定计镇压。当

时,有一个叫法眼的地仙,他是修炼了五百年的地神,因为伙同七仙女与凡间俗人私配,被贬下凡尘,在朝中做了一名阡陌官。这法眼地仙有一套看地气、观天象的本领,很得皇帝的宠信,经过一段时间的观察,他看到都昌地界紫气冲天,而且紫气越聚越盛,知道这是要出新天子的征兆,法眼地仙忙把这件事禀告了皇帝,皇帝一听大惊,立即降旨:考察清楚,斩除大患。

法眼地仙领了皇帝的圣旨,便微冠布衣,当即日夜兼程,直下江南,渡长江,过湖口,来到了鄱阳湖都昌县境内。他先在湖畔巡走了一番,心中大为震惊,都昌果真是天生的紫禁城。两道围墙早已形成了,外城有三山——神虎山、狮鸣山和武山,庐山与五山相连;内城有龙山、虚山、凤山、马山相围,山山都有神仙镇守,龙潭边有御花园,凤山下有御街亭,武山吕公岭和蔡家岭有天子堂、天子洞和九龙穿珠潭,这里是未来皇上玩乐的胜地。都昌县城前的南山龙柏盖地,野老泉、溢香池、八仙石、金钓台等胜地,到处都是。法眼地仙掐指一算,新出的天子恐怕就要降生在这块宝地上。于是,他便在山上的清隐禅寺住了下来。日间明察暗访,夜间观看天象、地气。

法眼地仙在南山一连住了二十一天,发现了这样一桩怪事:清隐禅寺里有一只金豹似的小猫和一条全身黄灿灿的小狗,小猫天天在满山的竹林中转来转去,好像在巡护竹林,不让任何东西伤害翠竹,而那条小黄狗每天傍晚都要到山下一块乌黑的泥田中去横冲直撞,翻身打滚,把田里的水搅得浑浊不堪,使它一天到晚不得清澈,日复一日,天天如此。法眼地仙觉得很奇怪,有一天,他趁寺庙里老、小两个和尚下山化缘,狠心将那只小猫和小狗毒死了,两个和尚回山后,心中十分不安,对法眼地仙也有所戒备。于是,老和尚吩咐小和尚在竹林中来回巡护,一到傍晚,小和尚就赶着牛扶着犁耙在那块泥田中横犁直耙,把一田的水搅得浑浊不堪,犁完后还得由老和尚亲自检查一遍方才放心,法眼地仙见此情景更觉得不一般了,下决心搞个一清二楚。

这一天,法眼地仙眼珠一转,他见老和尚下山会友去了,当天不能回来,就在寺庙中弄了一桌好素菜,并在饭菜中下了蒙汗药,当即把小和尚拉去用斋。法眼地仙大献殷勤,小和尚哪知用意,一时被劝得糊糊涂涂,头重脚轻,但隐隐约约还记得老和尚的吩咐,口里含糊不清地念着要去山下犁田耙地,法眼地仙便扶着小和尚说:"看你一个人累成这样,还是好好睡上一晚,师父回来,就说犁耙过了。"小和尚早已身不由己,只好听任法眼地仙扶他上了床,蒙头大睡了。

法眼地仙一转身飞快地来到山下那块淤泥田边,睁眼一看,惊呆了。只见那块田里水清如镜,海阔天空,一颗紫微星正映水底,忽闪闪射出一圈圈金光,直刺得他双眼发花,眼泪直流。他心想:果真让我算着了,新的真命天子就要出生在这里。

这下,法眼地仙查清了生龙真地,就又依着南山的地势走向,看到了这块真地的龙脉潜藏在鄱阳湖底,直连都昌县城西边的后河颈,只要将这后河颈斩断,就可叫这南山真地失去灵性,真龙就不能出生了。于是,法眼地仙快马进京,将他在鄱阳湖所察访到的一切详细禀告了皇上。皇帝听了大惊,叹道:"怪不得天下反上,原来祸患源于此,若是鄱湖之滨出了天子,寡人皇位何存?"于是,他降旨:都昌境内逢山斩断,遇水封流,隐患所在,务求除尽。

法眼地仙得了赏赐,受宠若惊,铁了心要十倍效忠皇上。他当即带上圣旨,领着一千兵将,风风火火南下赶来都昌县城扎下,他亲自领兵来到后河颈,打断这条连着南山的龙脉。谁知,怪事又出现了,整整一天,这一千精兵挥镐扬锹,好不容易将后河颈挖了一个缺口,可是一夜过去,这后河颈上的缺口又被填好了,丝毫不变。这样一连挖呀挖,好几天过去了,后河颈丝毫未动,面貌如旧。这下,法眼地仙傻了眼,心慌意乱,担心圣命难成。

这夜,更深人静,法眼地仙一个人来到后河颈,藏在密林深处,忽然,听到一阵吵吵嚷嚷的声音,定睛一瞧,大吃一惊。原来,在他们白天挖去的缺口上,约有一万神兵在争先恐后地担土填塞,不一阵工夫,这挖开的缺口便被填得完好如旧,真的是日有千人挖,夜有万人填,怪不得斩不断这后河颈。他不禁仰天长叹:皇上,这是天意作难哪!悲叹过后,忽然传来那些神兵的讥讽和嘲笑:"有我们万人在,休想斩断颈,要断后河颈,除非童钉钉死吕公岭!"一阵喧声过后,那浩浩荡荡的神兵向南山飘飞而去。

法眼听到"要断后河颈,除非童钉钉死吕公岭"这句话,心机一动,顿时来了精神,这可是难得的天机呀!原来,要先去钉死那吕公岭,才能斩断这后河颈。于是,他带了十几个精干兵将,依着山脉龙筋一天之内赶到了武山吕公岭。他四面一看,只见这吕公岭脚下有一个石洞,石洞边有一个水潭,潭中水花飞舞,金光闪闪,这便是天子洞和九龙穿珠潭。法眼地仙找到了龙脉穴地,立即指挥兵将在岭背龙筋上,五步一钉,颗颗铜钉钉地八尺深,哪知道兵将们费尽力气,钉得火星飞爆,铜钉寸土不入,三天过去了还是如此,急得法眼地仙干瞪眼。就在他急得团团转的时候,忽然在岭背上发现了一堆孩童坟墓,坟底下土质疏松,法眼地仙一看,心里顿时明白:他钉地的铜钉用错了,铜钉原来是童钉。他心一狠,当即下令,抓来一对漂亮的三岁男女孩童,挖开松土坑,将两个孩童倒转身子,活生生地埋下了坑,天子洞石门立刻紧闭,九龙穿珠潭也随之干枯了。法眼地仙一见,惊喜若狂,说:"好一个童钉钉死吕公岭!"

吕公岭被钉死了,法眼地仙立刻带领兵将重返都昌县城边的后河颈,不一日,后河颈就被斩断了。这后河颈原是龙颈,被挖出的土块上斑斑点点全是鲜血,直到现在,断颈两边的土层还是暗红色的。后河颈断后,兵将又立即渡水,法眼地仙指挥一支御林军奔上南山,一把火烧了清隐禅寺,杀死了两个和尚,一窝蜂砍倒了满山的大小翠竹。一根根竹子鲜血直流,满山染红,破开竹子一看,只见两根大竹内,天子已穿好了一只鞋,皇娘还梳好了半边头,其他的竹内,每个竹节里都藏着一个兵将,不过,还只是一只脚踏上了马鞍。山下那块淤泥田的水已变成一块永远不得澄清的浑水地了。真可惜,就只差一点孕育功夫,都昌县出新天子的大业全毁了。

法眼地仙大功告成,班师回朝,皇帝高兴得不亦乐乎,下旨满朝同庆,天下

共乐，为法眼地仙加官晋爵。在这欢乐之中，法眼地仙却又在转动心机，他想，都昌县要出新天子，决不是凡俗气象，而是天意所指，这一回毁了都昌县这块真龙宝地，天庭知道，决不会饶恕的。于是，他又向皇帝献计，一定得抢先禀告到天庭，让玉帝不明真相，趁早更改谕旨，方可放心。皇帝听罢，连连称是，当即令法眼地仙念咒作法，脱去俗衣，上天告状。

法眼地仙来到天庭，面见玉帝，诬告说："都昌县本是古鄱阳湖沉下后新浮起的地界，历练不久，地嫩龙筋软，更有鄱阳湖中孽龙四出，争投人胎，谋篡人皇之位，若使那里新出人皇天子，一定会招致国祸四起，生灵涂炭。"玉帝听了谗言，他随手抛下一个左手玉印，落在都昌县城左边的湖面上，这左手玉印不出真龙天子，只出驱鬼赶邪的道师。

就这样，都昌县要出真龙天子的事成了传说，一只左手玉印变成了现在的印山。

赶不动的强山

胡燕霞

鄱阳湖上有座强山,强山有段神奇的传说。

两千多年前的秦国,依靠商鞅变法,实现了国富兵强,最终统一了六国。位于吴头楚尾的彭蠡泽(鄱阳湖的古称),自然也成了大秦帝国的一部分。秦始皇统一六国之后,尊奉法家思想,实行"车同轨,书同文",加强意识形态方面的控制,改变了战国时期"百家争鸣"的局面。他的一条重要强国方略,就是集中精力对付北方强悍的游牧民族的侵犯。于是,在北疆崇山峻岭之上,秦始皇开始了修筑那项浩大的防御工程——长城。这座被称为人类文明史上八大奇迹之一的建筑,对当时的人民来说却是一场灾难。为修长城,秦始皇不惜耗费国家大量的财力,并且在全国范围内征收大量的徭役,横征暴敛,给百姓带来了沉重的负担,让国人苦不堪言。孟姜女哭长城的故事就是当时的写照。"秦政猛于虎",引发了众多信仰施政于仁的儒生们对秦始皇"废黜儒术、独尊法家"的逆意抗争,纷纷上书抗旨。秦始皇非常恼怒,决意要酷刑惩处,在李斯的建议下,焚书坑儒,将众多的儒生罚去修筑长城。

这些四体不勤的儒生们以前都是在"子曰""诗云"里谈经论道,从来不曾干过苦力活。对修筑长城这样繁重的工作,一些干惯了体力活的民工尚且无法承受,更别说那些儒生们了。没多久,儒生们的肩膀和双手均皮开肉绽,鲜血直流,一个个叫苦连天,痛不欲生。

苦难民工和儒生们的呻吟声和哭泣声充满整个山野，冲上了天庭。玉皇大帝派太白金星到凡间去了解情况，是什么样怨气能冲上天界。太白金星领命下凡，顿时被儒生们的悲惨景象惊呆了，赶忙回到天庭向玉皇大帝报告。玉皇大帝怒发冲冠，要派天兵天将下凡惩罚秦始皇，解救众多儒生。太白金星赶忙制止说，天庭和凡间是二重界，不能互相干涉，凡间自有兴衰规律，强行干预就乱了规则。玉皇大帝说，也不能任凭秦始皇如此残暴于民哪！那儒生中可有天界下凡的星宿啊。太白金星说，这事就交给老臣来办吧。

夜色之中，太白金星化作一老者，来到这些痛不欲生的儒生之中，给每个人分发了一根红丝线，嘱咐他们干活的时候将红丝线系在肩上，千万不可弄丢了。儒生们一时弄不清这么一根红丝线能有什么用，半信半疑，但还是按照老者的话去做了。第二天，奇迹出现了：儒生们干活时感觉不到担子的沉重了，扛石头、抬土方时，觉得轻如鸿毛，高山峻岭也如履平地。儒生们都觉得太神奇了，猜想那老者一定是上天派来帮助他们的神仙，大家便一一跪地拜谢，感恩天庭。从此，怨声再也没有冲上天庭，玉皇大帝也心安了。

秦始皇突然觉得奇怪了，前不久还生不如死的儒生们怎么突然变得生龙活虎、身轻如燕？他亲自前去工地察看，仔细一瞧，吓了一跳：他发现了每个做苦力的民工和儒生们的肩上都系着一根红丝线。他便命人抓来一部分儒生严厉盘问。胆小的儒生迫于秦始皇的淫威不敢隐瞒，只得如实相告。秦始皇这才明白：这是上天在拯救这些儒生们，觉得这红丝线一定是神物，不能让儒生们得到。于是，他将所有人的红丝线全部收集起来，特地请编织高手将红丝线编成了一根鞭子。秦始皇每天拿着这根鞭子，琢磨着这红丝线充满的神奇力量，心中有些愤愤不平：想我秦始皇开创了天下归一的万世基业，迎来了太平盛世；我修筑万里长城也是为了国泰民安，不再受北方蛮族人的侵扰。可上天竟然要帮这些只会饶舌弄笔、与我作对的儒生，这是为何呀？一天，秦始皇来到一座山顶之上，仰面上苍，大呼苍天为何不公？他挥舞着手中的鞭子，一鞭鞭抽打在大山的巨石上。当他抽打到一百下时,奇迹发生了:他脚下的山在平稳移动,他目光朝向哪里,山就移向哪里。他眼望北方,这座山居然就真的按照他的意念向北方移动。秦始皇震惊了:神鞭!这是一条神鞭哪!他心想:这神鞭如果能依照我的意愿,将所有的大山赶到北疆,帮我移山筑长城,那多好啊!于是,他就挥动这赶山鞭四处赶山,把很多山赶到了北疆,赶到了长城脚下。秦始皇十分高兴:这就是我的赶山鞭哪!从此,赶山鞭成了秦始皇的心爱之物,随身携带。

秦始皇统一中国后,开始了对整个国家的巡视,他要巡视被他征服了的每一寸土地。一次,他来到了吴头楚尾的彭蠡泽,那时的彭蠡泽并不大,只是长江边上的一个中等湖,湖的周边是崇山峻岭,风光旖旎,秀丽迷人。他不禁感慨:怪不得吴楚之地人杰地灵,富甲天下,原来有如此好的山水。这水我是带不走了,但这山我要移到北方去,一来用以助我修筑长城,二来今后我不必万里跋涉到这偏远之地领略秀美风光了。于是,秦始皇拿出赶山鞭,将这里的山一一赶往北方。

彭蠡泽中的矍山和横山靠得很近,两座山的山神自盘古开天地时就像亲兄弟一样相处着。这时,秦始皇挥鞭赶山已经有些累了,精神有些不集中了,赶矍山时,他只抽打了九十九鞭,自认为抽打了一百鞭就停了下来。所有的山一座座都随着秦始皇目视的方向往北方移走,只有矍山岿然不动;紧挨在矍山旁边的那座山本也开始移动了,可横过山头望见矍山不动,山神就纳闷,怎么他不动呢?他想,既然你不走,我也不走了,就留下来陪你吧。秦始皇发现有一座山纹丝不动,另一座山移了几步又停下来了,觉得非常奇怪,这是自他得了赶山鞭以来从未发生过的事情。手下有一位大臣说:皇上,这座山不识抬举,我再去抽打它一千鞭,看它动不动。秦始皇摆摆手说:算了,这是一座矍山,它留恋这片土地,就让它待在这里吧。那座横过头来的山很重情义,不忍矍山一山在此,要留下来陪伴它。这是天意呀!就让这"一矍一横"永远待在这里吧。

自此之后,"矍山"和"横山"就成了这座山的山名。本来并不十分宽广的彭蠡泽里,众多的大山、小山都被秦始皇挥鞭赶走了,这样,彭蠡泽也就变成了烟波浩渺、纵横八百里的鄱阳湖了。

后来,人们觉得"犟山"这名字太刚,就改为长山,"一长一横"相依为伴。居住在这两座山上的村民刚强彪悍,生存能力极强,为了争夺湖上的捕鱼权益,经常与周边县、乡的渔民发生争执和殴斗,对簿公堂。因为长山和横山的渔民既犟又横,能以一当十,所以,鄱阳湖上的渔民一直称其为"强山"。

棠荫女

李辉柱

鄱阳湖上有个美丽的棠荫岛,四面湖水连天,整个岛绿茵茵的。提起这个棠荫岛,还有一段美丽的传说。

很早以前,这里原是一片汪洋,湖边只住着一户人家。这户人家有个独身青年渔民叫段小庆,有一次,他划着破船出湖打鱼,打了一天,空手而回。正当他靠岸下船准备回家时,忽然从身后传来一个温柔的声音:"渔哥慢走,这条鱼你拿回家换点米吧!"小庆转身一看,一个身穿葱心绿衣裙的姑娘出现在眼前。她头发乌黑发亮,眼睛像潭秋水,脸似桃花般红润,腰身苗条修长。不会是遇到仙女了吧?小庆傻眼了。

正当小庆疑惑不解时，那姑娘已来到他面前，伸手递过来一条大草鱼。

段小庆看到这姑娘送了一条大鱼，十分感动，但又不知说些什么好。这时，湖面上风渐渐大起来。姑娘对他说："你这身穿戴，会受寒的。"说完，又从身上脱下小褂，递给小庆，小庆穿上小褂，带着大鱼就回家了。

第二天，小庆想：我既不知道她家，也没问她姓名，这小褂怎么送还给她呢？他想了半天，只好再到湖边送鱼的地方看看。恰巧，那姑娘正在帮他修船。小庆很高兴，急忙迎上前将小褂交还姑娘，致了谢意，并问道："我不知道该怎样称呼你？"

姑娘说："你就叫我棠荫好啦。"

从此以后，小庆有事无事常到这湖畔来，每次都碰上棠荫，一来二去，小庆就爱上了棠荫，并向她求婚："棠荫姑娘，我真想跟你在一起生活一辈子！"

棠荫见小庆为人老实忠厚，心眼好使，就满口答应了。

小庆把棠荫领到家里，全家人一看到这位长得天仙似的姑娘，都欢喜得不得了，远亲近邻都跑来看，这给小庆家增添了许多光彩。所以，棠荫在这个家里特别有地位，真的给这个家带来了幸福。一家人捕鱼捉虾，和睦相处，日子越来越红火。

这事很快传到了县太爷的耳朵里，县太爷顿生歹心。原来，这县太爷姓曹，生得肥头大耳，他不但好酒贪财，而且喜欢玩弄女色，所以人们都叫他骚老爷。他听说棠荫姑娘绝世漂亮，心里便痒痒的。他想，小庆是一个打鱼穷汉，也能娶到棠荫，我曹老爷身为一县之主，为何得不到棠荫？想到这里，他吩咐一声："把棠荫抓来见我！"

县太爷手下的打手们当即来到湖边，正赶上棠荫夫妻出湖打鱼去了，他们只好空手而回，改日再来。棠荫傍晚回来后，听到这个消息，知道县太爷还会派人来抓，于是决定和小庆连夜离家出逃，躲避一阵。他们摸黑来到湖畔一个溶洞里，这个溶洞的洞口被茅草遮住，洞下是湖。白天，他们照样下湖打鱼，晚上就在洞里居住。

连日来，小庆和棠荫住在这溶洞中，总觉得心神不安，老担心县太爷要来捉拿棠荫。棠荫姑娘看出了小庆的心思，就问："小庆，你真的愿和我永不分离吗？"小庆说："只要咱俩能永远在一块，就是让我去县衙坐十年大牢也可以。"

"那你放心就是了，我自有办法对付那个骚老爷的。"

小庆问她到底有什么办法，棠荫却死不肯讲。

这一天，棠荫和小庆正在欢欢喜喜地吃饭，只见一对快船在湖岸停靠。转眼间，那县太爷带着一帮打手冲进洞来。县太爷一看见棠荫，就傻呆呆地说不出话了。他从未见过这么漂亮的女子。小庆一看他这个德行，就生气地上前质问道："县太爷，你要做什么？"县太爷转了半天眼珠子，厉声说："万岁有令，传棠荫去给皇上打鱼。"

县太爷见棠荫不吭声，就说："怎么样，你去不会亏待你；不去嘛，这可是给皇上打鱼，违抗皇令，你知道会是什么结果？"

棠荫早就看透了他的鬼主意，便走上前说道："去可以，你得答应我三件事。"

"你说说哪三件？"县太爷问。

棠荫说："第一，要永远免除这一带渔民的渔税；第二，小庆和我一同去；第三，请县太爷跟船一同下湖。"

县太爷贪色心切，连忙答应："行，行，就依你这三件。"

棠荫说："空口无凭，请县太爷当众立下字据。"

县太爷当即写好了字据，棠荫把字据放入怀中，便领头走出洞来。他们夫妇驾起小船，跟县太爷一起顺湖往下漂去。

小船走了一会儿，湖上起了一阵风，冷飕飕的。棠荫姑娘来到小庆身边，拿出了一件草绿色的皮袄，一半让小庆穿上，一半披在自己身上，并且对县太爷说："县太爷，要起风浪，你也到船舱里避一避吧。"县太爷看见湖面上的浪头一

个比一个高,早已失魂落魄了,听棠荫姑娘一说,连忙顾头不顾屁股,钻到船舱里去了。这时,棠荫姑娘站起身来,手一挥,湖上顿时狂风大作,一股恶浪扑来,把小船掀翻了。县太爷还没来得及喊"救命"便葬入湖底。棠荫这件皮袄可太管用了。就在浪打船翻时,棠荫姑娘紧紧抱住小庆,裹紧那件草绿色的皮袄,一同跳入湖中。说也怪,这皮袄载着夫妻俩浮到哪里,哪里的湖水就闪开一条平静的大道,他俩在水里比在陆上还自由快活。

恶人被除掉了,渔民可以永远不纳渔税了。棠荫和小庆躺在皮袄中任其浮荡,好不高兴。小庆问棠荫:"你到底是什么人?能有这般神通?"棠荫姑娘笑了笑说:"我本是湖蚌神之女,每日来湖边游玩,看见你终日孤苦劳累,便化成人,上岸帮你的忙来了。如今咱俩夫妻已定,恶人已除,可以安居乐业了。你看选定一个什么地方好呢?"小庆听罢,好不欢喜。他说:"我们还是在这湖心开出一块地方,也好让远离湖岸的渔民在这里避避风雨。"棠荫姑娘点头称是,朝湖面一挥手,湖面当即风平浪静。皮袄也不浮动了,停在不远的湖面上,很快停稳变大,变成湖中的一座小岛,岛上长着茂密的棠荫树。夫妻俩正好坐在绿荫下,好像置身仙境一般。从此,夫妻俩在这岛上早下湖,晚回家,捕鱼度日,生活十分安乐。

后来,附近的许多渔民纷纷迁来这里,结舍为村,共度安居乐业的生活。为了不忘棠荫姑娘,人们把这个小岛取名为"棠荫岛"。

淹不了的花山

李大志

在鄱阳湖中与朱袍山相隔不远的东北方水面上,有一座小小的石山。这山立在湖中央,浪高山也高,水涨山也长,这座小石山总是悠悠地浮在水面上,任凭鄱阳湖的湖水再大,也淹不了它,这就是人们所说的花山。

传说很久以前,天宫里的织女仙姑有俩贴身丫鬟:一个叫梨花仙子,一个叫莲花仙子。梨花为人老实本分,莲花却生性顽皮。那一年,织女仙姑私下凡尘,与牛郎结为夫妇,就是梨花和莲花帮的大忙。那回,莲花偷来钥匙,打开云房,放走了织女仙姑,惹得王母娘娘大发雷霆,把织女仙姑提回天庭,打入天牢。由此梨花和莲花也遭了劫难,被王母娘娘贬入凡间,在鄱阳湖各造一座九千九百九十九尺高的高山,每天各搬九十九块石头,限九百九十九天造完;并每人发给花种和树种各一包,在搬完最后一块石头后种下。如有违者,将受到严厉的惩罚。

　　梨花和莲花来到凡间后,一个在东,一个在西,终日搬石造山,实在辛苦万分。梨花每天天刚亮就起床,一直干到太阳下山才收工。九十九块石头,一块不多,半块不少。莲花呢,开始时倒也安分守己,照例如数搬完,后来渐渐受不了,她想来想去,终于想出了个好办法,每天只需搬上半天,照样能和梨花的山一样高。

　　九百九十九天后,这两座山都造好了。梨花和莲花各自将花种和树种一撒,霎时间,满山遍野,绿树成荫,鲜花朵朵。午时三刻,王母娘娘脚踏祥云,带着雷公大师前来查收,王母一声圣旨,雷公便发雷掌震山,尽管震得湖水发抖,但是梨花造的山稳稳当当地挺立在鄱阳湖中。王母娘娘甚是欢喜,当下封梨花造的山叫梨山,封梨花为梨山圣母。然而,雷公大师的雷掌刚一触到莲花造的山,只听稀里哗啦,满山的山石横飞乱窜,不一会儿,这座山便倒入鄱阳湖中了。这下王母怒气冲天,厉声喝道:"大胆的莲花,你和梨花一样搬石造山,为何经不起雷公大师的雷掌震动,你做了什么手脚,还不如实招来!"莲花吓得浑身像筛糠一样地抖,只好跪倒在地,一一禀明。

　　原来,莲花受不了这苦难的磨炼,就想出了"搭棚码石"之法,由于石基不牢,雷公大师一发掌,便墙倒脚下虚,原形毕露了。王母娘娘知道她投机取巧的本性难改,一怒之下,把莲花打入了鄱阳湖的水牢之中,再受百年牢狱之灾。

　　刑满之日,织女仙姑和梨山圣母等人向王母求情,莲花仙子才被准予投胎,借竹篙破节出狱。谁知,莲花生不逢时,恰巧这一天,有一条贩运泥火缸钵的船经过这里。船上有个老者,患了伤寒,加上遇到风暴,只好靠在一座小山边过夜。船夫用竹篙把船系好,正赶上莲花破节出狱,一朵莲花开在竹篙顶上。船夫看见了,好生奇怪,忙把那位老者拉出来观看。老者是吃盐多、过桥也多的人,一看此景,欢喜得不得了,说:"孩儿,你要晓得水底凭空开出莲花,而且香气扑鼻,说明这是一块福地呀。孩儿,你赶快跳入水中,葬此福地吧,我家将来必有发旺的日子。"儿子一想,忙说:"父亲,这话没有道理,孩儿正值年轻,好日子长着哩。你年事已高,日子不多了,你葬入此地也好为儿孙造福呀!"父亲连忙摆手,说:"要是我儿有发旺的日子,我正好享享福嘛!咱们不如赶快回家,把你祖母的骨头挖起来,占此福地。"儿子一听,觉得有道理,但在这茫茫的百里鄱湖,船一走,连个标记都没有,日后哪里会记着呢?思来想去,便把这一船火烧的黄泥缸钵统统丢入水中,做个标记。这时,莲花就差一根须根,正在那里没法出来,正要奋力一冲,不料,一只装有人屎的小缸恰巧打在花蕊上。莲花被凡人的粪便一浇,便立即化成一团湖泥,永无出头之日了。

等到船夫回来再寻那朵莲花时,哪里还有莲花的踪影?只见丢入水中的缸钵,全都变成了一块块石头,堆起了一座小石山,当一阵风浪过来时,这小石山在湖水里一浮一涌的,活像一朵莲花飘荡在水上。这样,天长日久,人们口耳相传,就把这座山叫作花山了。

第三章　名人的传说

止 水 忠 魂

罗　文

在鄱阳湖东北岸的鄱阳县城附近,有座山叫芝山,芝山上有个庐亭叫"止水亭",亭边有个池塘名叫"止水"。南宋末年,有位爱国丞相叫江万里,带全家老少赴止水以身殉国。

江万里,都昌县阳丰乡林塘村人,官至南宋末年的丞相兼枢密史,一身领两府。江万里自幼聪明过人,好读诗书,三十岁不到便以一篇锦绣文章轰动京城,考取了进士,开始了为官之路。江万里是一位爱民爱国的官,《止水忠魂》就是唱给江万里及其全家以身殉国、正气千秋的颂歌。

公元 1275 年,元兵大举南侵,挥兵沿长江东下,南宋王朝危在旦夕。这时的江万里已经是七十六岁高龄,退休了,居住在饶州即现在鄱阳县的芝山。眼见山河破碎,国家将亡,江万里如万箭穿心。这天,他独自一人站立在一个草亭内,面对一个叫"止水"的水池,心中十分沉重。

就在这时,江万里的学生须溪领着一个兵差来到他面前,说道:"师爹,文天祥派的特使来了。"

文天祥是江万里的得意门生,他遵照江万里嘱托,正在前线挂帅抗元。这兵差一见江万里便跪地三拜,说:"老丞相,小差代文天祥大元帅为您请安!"

江万里连忙将兵差扶起,要他说一说文天祥领兵救国的情况。那兵差显得很痛心,说道:"文元帅不忘老丞相您托付的救国重任,几场恶仗,一举收复不少失地,三军士气也很高涨。但是,南宋王朝大势已去,危局难支,元兵已兵临京都,文元帅正从江西赣州起兵,入京保卫皇上了。"

江万里听罢,心里更加沉重,但他还是自感骄傲,因为他有文天祥这样的国难之时挺身而出、无畏刀枪的好学生。

就在这时,饶州城外正传来一阵阵挥刀厮杀的声音。江万里的妻子黄氏和儿子江镐急匆匆扶着一位血肉模糊的姑娘来到他的身边,后边还跟着他的孙子江澄和外甥刘小林。这姑娘是谁?江万里定睛看时,原来是他十三年前上京进谏、怒斥奸臣贾似道、力主抗元时,在逃难途中救下来的干女儿桃姑。这一次,桃姑听说江万里年迈患病,便跟随江万里的弟弟江万顷从都昌老家赶来看望,不料途中被元兵抓住了。元兵向他们索要金银,逼他们跪下投降。江万顷大骂贼寇,死不投降,被元兵先砍双手,后砍双腿,解肢而死。江万里的弟媳刘氏和儿子江锋也被乱刀砍死,桃姑是从死尸堆里爬出来的,好不容易来到饶州芝山。

这一噩耗几乎让江万里晕倒,止水亭前一片悲凄。突然,几个家人跌跌撞撞跑进门来,慌慌张张说道:"老相爷,不好了,饶州城已被攻破了,大队的元兵杀进城来了……"

大家一下惊慌起来,你一言我一语,要江万里快拿主意,都说决不能受辱于元蒙贼寇,死在敌人的屠刀之下。

这时的江万里变得十分镇定,他早已主意在心。他拉着学生陈伟器的手说:"孩子,我曾是国家重臣,国难当头,我决不可苟且贪生而逃死!如今,国家大势已去,老夫我虽然不在位上,但此生心系国家,自然与国家共存亡!"说罢,他把义子刘辰翁和干女儿桃姑拉到眼前,说道:"孩子,你俩都是死后余生,跟陈伟器一块,赶快离开这里,混出饶州城,逃生去吧……"

刘辰翁和桃姑一听,连连摇头,说:"老相爷,兵难战祸已经害得我们有家回不去了,如今,国破家亡,还能到哪里逃生去呀!就是死,也要跟您在一起!"

江万里沉默了,肝肠寸断,悲愤欲绝。他跨前几步,挺身站在止水池边,转身对家人们说道:"夫人,孩子们!我江氏家族,世代忠心报国,扪心自问,没有给世人留下半句耻辱的话柄。今日,我们洁身而来,还要洁身而去,这止水池,就是我们全家的最终归处。人莫鉴流水,止水一澄泓,洁身止水池,大义明心中!"

听罢江万里这一番感天动地的话,全家人先是惊愕,后是心静,接着是从容,唯有江万里此时却有些惨痛难忍,他摇摇头说道:"夫人,孩子们呀……我,我对不起你们……"

此时的黄夫人及江万里的儿孙们已经心静如水,黄夫人说:"老爷,您当初挖止水池时,为妻我就已经明白了您的心意!"儿孙们说:"父亲,孩子牢记您平日教诲,决不玷辱您的清名!""爷爷,我跟着您一起走!"

面对这样的场景,刘辰翁和桃姑都泪如泉涌,失声痛哭,双双跪在江万里面前,抱住他的双腿说道:"老相爹,就让我和您一块赴止水吧!"

江万里扶起刘辰翁和桃姑,说道:"孩子,你必须逃出去。等到来年山河重修整的时候,请你俩收拾我们的尸骨,让我们魂归都昌林塘故里,墓地和碑志一切从简,更不要将止水殉国的事告诉江东父老,好让老夫我九泉无忧!"

刘辰翁泣不成声,但心中有一个主意,又跪下说:"老相爷,请您让江镐弟逃出去,江氏满门忠烈,总该留下一根苗啊!"

刘辰翁的这一要求正合黄老夫人的心意,她走上前对江万里说:"老爷,辰翁说得有道理,自古不孝有三,无后为大。江家世代忠烈而无后,为妻我死不瞑目。"

黄老夫人跪下了,桃姑跪下了,江镐跪下了,直跪得江万里肝肠寸断,止不住老泪滚落。万般无奈之中,江万里向他们挥了挥手,说:"你们赶快走吧……"

悲痛欲绝之中,刘辰翁、桃姑拉着江镐逃生去了。这是一场悲壮的生离死别啊!

就在刘辰翁他们逃离不久,元兵从四面蜂拥而入,将止水亭围住了。面对四面围开、虎视眈眈的元蒙贼兵,江万里怒目相对,从容镇定。他将黄夫人、孙子、外甥及门人招呼到一块,说道:"咱们全家再享一回天伦之乐吧。夫人,请你再为我梳理一次这满头白发吧。"黄夫人说:"老爷,你一贯华发整齐,皓首辉天,不用再梳理了!"江万里又说:"那就请你为我熨烫一下这身青衫吧!"黄夫人说:"也不用了,您总是衣端身正,洁身自爱!"

这时,一个元兵的头目走到江万里跟前,打了一个拱,说道:"您就是宋朝前任左丞相兼枢密史江万里大人吗?"

江万里不屑一顾,怒斥道:"哪来的胡马鞑子,敢直呼我的名字!"

这元兵头目赶忙跪下了,说道:"我大元世祖忽必烈大帝敬仰您忠心报国的名义,特派我请您去北元大都做官!"

江万里冷冷一笑,说:"让你们的大元世祖等着吧。我江万里还有一步之遥的路没走完呢！"说罢，江万里站起身来，与黄夫人、孙子、外甥及门人携手挽臂，一步一步向止水池走去。

"轰"的一声雷鸣，突然狂风大作，暴雨倾盆，止水池中，一道道惊涛骇浪冲天而起。

雷雨声中，江万里家中的用人们也一个个高呼着："老相爷，老夫人，我跟你们一起去！"先后跳入水中。

这时，七八个元兵围追着一个女子来到了芝山上。这女子不是别人，就是刚刚没有来得及逃脱的桃姑。她被追逼到止水池边，转身高喊："老相爹，夫人，刘辰翁和江镐都逃出去了，桃姑我跟随你们来了！"说罢，也纵身跳进了止水池。

天柱折，地维裂，雷电交加，暴雨如注。江万里举家殉国，满门忠烈。朝廷得报后，三宫震惊。天下爱国志士无不痛哭流泪。民族英雄文天祥闻讯后，悲痛万分，写了一首诗哭曰："星折台衡地，斯文去矣休，湖光与天远，屈注沧江流。"他谨记先师遗言，顽强抗元，历尽艰险，直至兵败被俘，被元廷杀害。江万里与文天祥师生两杰，南宋名相两代：一个在南方从容赴水，慷慨殉国；一个在北方含笑饮刃，英勇就义，这是何等的爱国英雄壮举！

母 贤 子 贵

詹良生

三国归晋后,饱经战祸的百姓终于盼到了和平。然而,好景不长,因国力衰落,民生凋敝,四方绿林好汉揭竿而起,反抗朝廷,叛乱之火大有燎原之势,百姓又陷水深火热之中。

传说这一日,鄱湖观音用天眼巡视了一周,发现满眼尽是狼烟、乱云,知道这是一种人间苦难的征兆。观音菩萨暗自叹息,百姓才出苦海,又将重陷战火,心中十分不安。就在这时,观音菩萨突然想起了鄱阳湖中的珠母和灵珠,他俩在鄱阳湖中修炼已有三百多年,到了该用他俩造福人间的时候了!

观音菩萨把金童玉女传到紫光崖莲花洞,令他俩前去传珠母和灵珠即刻赶来。珠母和灵珠不敢怠慢,立刻穿上霞帔出了水府,驾着祥云,来到了紫光崖莲花洞,伏地叩拜。观音菩萨传旨:命其即刻化身肉胎,去人间投胎转世,变成凡间平民,努力造化,日后须保得晋室平安,为解除生灵涂炭做一番事业。珠母和灵珠遵命,化作一对仙鹤,即刻起程,飞临在赣鄱大地上。他俩降下云头,在千家万户中寻找着投胎人家。

鄱阳湖西南的豫章有个地方叫新淦洲,洲上有一户姓湛的人家。这一天,湛老爷的夫人临产,本该是欢天喜地的事,可他却高兴不起来:昨晚他做了个梦,夫人生下的不是男丁,而是一个女娃,所以,夫人临产,他一直闷闷不乐。就在这时,突然飞来一只仙鹤,落在门前的桂树上,朝屋内点点头,又扇动了三下翅膀便飞走了。湛老爷有些惊喜:夫人临产,仙鹤临门,这是吉兆啊!夫人生下的果然是个女娃,但与别的女娃不同,她居然能开口说话,说她是鄱阳湖中的珠母投胎,受观音菩萨旨意,要在凡间养育教化出一位能平息战乱、确保晋室百年安宁的惊世将才。湛老爷夫妇闻之大喜过望,便悉心抚养这个女娃,请名师授之以贤、孝、礼、德,使其成长为大家闺秀。

湛氏长大成人后,嫁于柴桑守将陶丹,生子陶侃。传说,陶侃落地时,全身乌紫,没有气息,不会动弹,许久也听不见一声哭叫。陶丹认定那是个死胎,吩咐抱出去埋了。湛氏紧紧将他抱在怀里,死活不肯放手。就在这时,一只仙鹤飞落在将军府门前的"将"字旗的旗杆上,向门内连连摇头,叫了三声便飞走了。陶丹觉得奇怪,认为这可能是天意,便又吩咐将死胎抱了回来,让湛氏好生用母体体温调养,直至第五日清晨,

随着一声雄鸡报晓,小陶侃突然"哇"的一声哭叫,把全军营的人都惊醒了。原来,小陶侃是灵珠投胎。珠母化鹤投胎后,灵珠化鹤却不顺利,一直没有找到合适的投胎人家,连续找了二十一年,才在柴桑口找到一个姓陶的将门之家。

陶侃六岁时,父亲去世。陶母为躲避战乱,不得不离开柴桑,带着小陶侃回到了彭蠡之左的鄱阳县老家。陶母靠纺纱织布艰难维持生计。她丝毫不放松对陶侃的养育教化,要他从小好好学文习武,立志报效国家。东晋是世袭政治,平民百姓几乎不能跻身士大夫族群。尽管陶侃读书五车,习武练就十八般绝技,却只能困在乡里,闲居田园,报国无门。

一日,鄱阳郡孝廉范逵自柴桑访友回来,路遇暴风雪,借宿陶侃家。陶侃家徒四壁,无以招待。陶母急中生智,剪下一头长长的秀发卖了,换来酒食招待范逵,又把自己床上的草席切细喂养范逵的马。这就是陶母"截发筵宾、锉席喂马"的典故。陶母的贤德深深感动了范逵,范逵将陶侃荐于庐江太守张夔,陶侃才得以进身仕途。陶侃虽然入仕,终因出身低微,半生一事无成。随后,他凭才艺得荆州刺史刘弘举荐,一举扫平江南张昌之乱,名声大震。之后,陶侃又凭一身本领平定了陈敏、杜弢、苏峻、郭默之乱,深得朝廷赞赏,被拜为大将军,官至太尉,并被皇上赐予"入朝不趋、赞拜不名、剑履上殿"的殊荣。陶侃戎马一生,保住了东晋一百多年的安宁。

陶侃死后,被追赠为大司马,谥号"桓"。珠母化身人间成为一代贤母,灵珠落定凡间成为一代功臣。"母贤子贵"成了千古佳话。珠母和灵珠经千百年的演化、历练,成就了鄱阳湖的珠贝文化。

请到鄱阳湖的中心半岛都昌来,体验一回时尚的珠贝文化。

大禹得神龟

刘　铨

在鄱阳湖中,有一座龟形的小山,名叫龟山。据说,这座龟山是助大禹治水的神龟变的。

在远古时期,大地一片汪洋,洪水为患。当朝的贤君唐尧不忍人民受苦受难,就出榜招贤,要为人民根治水害。这时候,有一位名叫鲧的人,就是大禹的父亲,他一看榜文,毅然自荐,挺身而出,想为治水出力。那时,他的儿子大禹还不满一岁,鲧就对他的妻子说:"这次我去应聘治水,如果治水不成功,绝不回来见乡亲父老。万一我遭不幸,你就叫儿子完成我的夙愿吧。"

尧见鲧自告奋勇治理水患,非常欢喜,马上封他为治水的大臣。鲧到了洪水泛滥的地方,只见汪洋一片,哪儿高?哪儿低?哪儿有岸?一点也摸不着底。他带着治水的官员,跪在水里,向天帝祷告,要求天帝派神兵神将来帮助一把。可是,残忍的天帝不顾下界生灵的死活,竟然无动于衷。鲧跪在洪水里七天七夜也没有起来。人间的呼救之声吵得天帝也不安宁了。天帝灵机一动,叫御河里的一个神龟,背着天上的宝贝——"息壤"去帮助鲧治水。这"息壤"外形像一块青色的泥土,但能变化无穷。要它长,可以变成堤岸山丘,堵住洪水;要它高,可以变成高山,砥柱中流。鲧一看,非常欢喜,就请求神龟把"息壤"变成围堤,到处阻拦洪水。谁知,一共花了九年工夫,也只堵出一块小小的陆地来。可那洪水还是越升越高,一天,"哗啦"一声,山崩地裂,堤岸被洪水冲垮了,百姓的生命财产惨遇水害。神龟一见,长叹一声,说:"这是天帝有意作难呀!'息壤'照说是冲不垮的,其中可能有缘故。"鲧听后,痛恨天帝不但不发善心治理水害,反而加剧了水害,他心里想:天不助人愿,水治不成,还有什么脸面去见尧帝和乡亲父老哪!于是,他一个人纵身跳进滚滚的洪涛中,化为一条黄龙,日夜在水里巡游。神龟呢,也因为泄露了天帝把假"息壤"借给鲧的事,破坏了天帝的声誉,被天帝囚禁在一个幽深的岩洞里。

后来,鲧的儿子大禹长成了一个健壮的青年。他常问母亲怎么从没见过父亲呢?母亲流着泪诉说起他父亲治水未成、投水自尽的经过。大禹听罢,当下就向母亲表示,一定要继承父亲的遗愿,治好洪水。母亲不同意大禹治水,怕万一有什么不幸,会失去唯一的儿子。可是大禹主意已定,坚定地说:"娘!为了天下的百姓,也为了完成父亲未完成的事业,我是下决心要去的!"母亲拗不过儿子,只好一口答应了。

第二天,大禹拜别了母亲,求告尧帝,让他前去治水。尧帝一听大禹的禀告,很是称赞他的决心和勇气,就任命他为治水的大臣,继续办理治水大业。

大禹来到洪水边上,只见洪水白茫茫一片,一条黄龙在水中翻波逐浪。人们都说,它是禹的父亲变的。大禹就跪在地上焚香祷告说:"黄龙啊,你若真是我的父亲所化,就请你敛息风浪,帮我治理洪水吧!"黄龙点了头,在波浪中隐没了。

这天夜里,大禹梦见他的父亲告诉他说:"儿啊,要治理好洪水,明天你得骑在我的背上,我带你到岩洞里,先去找到被天帝囚禁的神龟。"第二天一早,大禹来到洪水边,果然看见那条黄龙出现在洪水里。大禹纵身跳入波涛,骑在黄龙背上。黄龙驮着他行走在波涛中,来到一座高山脚下,只见一堵万丈高的石壁屹立在面前。黄龙用尾巴朝那石壁一甩,石壁开了一个幽深的大洞,黄龙驮着大禹,走进洞里。黄龙的头上有一颗茶杯大的夜明珠,把暗洞照得明亮起来。只见洞中一只船一样大的龟伏在那里。大禹挥斧斩断铁条,朝神龟叩拜问安,请神龟出洞，帮他治水。神龟说："要治理好洪水，必须取到'息壤'和九州山川地形图。这两样东西藏在天帝的后宫里。我再冒一次险，帮你去偷取出来。"大禹十分感激，说："你这样热心助我，天下的百姓都要感谢你的恩德！"

神龟辞别了大禹，来到天河。它爬到天帝的宫殿边，高耸的白玉围墙挡着，它根本没法进去。正为难时，忽然从围墙上飞来一只车轮大的白蝙蝠，一看见神龟就问："神龟为什么在这里？"神龟说："为了救下方的百姓，我想取出治水的'息壤'和九州山川图，你能帮我吗？"白蝙蝠被神龟感动，便说："龟兄，我在天宫经常出入，有时在梁柱上过夜，曾听到一些秘密。那'息壤'和九州山川图，藏在后宫的玉柜里，我带你去取吧！"白蝙蝠马上吐出一粒红丸，叫神龟吞下，神龟吃了红丸就变成了一只小金钱龟，骑在白蝙蝠身上，飞进了后宫，找到了那只玉柜。可是玉柜边有一个仙女看守。神龟又把来意说了一遍，仙女也很同情神龟，就让神龟从玉柜中取出了"息壤"，又用金刚石铲把九州山川图刻在神龟的甲壳上，让它急速返回下界。

神龟背上背来了"息壤"，甲壳上又出现一张活地图。大禹对着地图一对照，哪里是山川，哪里是河道和水的流向，十分清楚。大禹非常高兴，对神龟感激不尽。

就这样，神龟背负着"息壤"和九州山川图跟在大禹的后面，早出晚归，治水不歇。当治水治到彭蠡湖（即现在的鄱阳湖）时，有一个形如青猿的水怪，鼓起了山一样的恶流，破坏了神龟在两岸填起的泥土和防洪堤岸。神龟非常愤怒，和水怪搏斗起来，一下咬住了水怪的咽喉，把它压在身底下。青猿水怪却用它的长臂勒住神龟的长颈，神龟死死咬住青猿不放，终于和青猿水怪同归于尽。神龟化成了一座龟山，永远留在湖心镇住青猿水怪。后来，洪水平息了，大禹就在彭蠡湖边的庐山上刻石为碑，记载下得神龟相助治水的事迹。

刘彻梦野老

董 晋

紧靠都昌县城的鄱阳湖边,有一座南山,山上有远近闻名的"野老泉"。泉水清澈甘甜,它从岩缝里渗到泉池中,从不干涸,也不溢出。游人至此,无不流连忘返。

据说,很早以前,南山岩洞里住着一位仙人,他采药炼丹,为人治病。虽然谁也没见过他,但只要病家到南山岩求医,一不用香纸爆竹,二不要送礼交钱,

求医人还没到家,家里就早有人送来了丹药,病人吃下去就好了。真是灵丹妙药,药到病除。

有一年,汉武帝刘彻到江南巡视,路过都昌,听到这个传说,心想:我是皇上,到南山拜谒他,他不敢不见。如我要他出山做御医,专为我皇家治病,岂不妙哉!于是刘彻带了一帮人马,前呼后拥,驾临南山岩。说也奇怪,平日岩洞幽深,洞门大开;今日岩石雄峙,根本找不到一个岩洞。刘彻很是扫兴,天又晚了,人已困倦,只得借宿南山古寺。

半夜,刘彻做了个神梦,梦见一位鹤发童颜的老者,居然大呼其名"刘彻",刘彻怒道:"你是何人,如此大胆竟敢直呼朕名,还不给我跪下,三呼万岁!"

老者哈哈大笑道:"问我何人,我名叫野老,你我没有什么从属关系,并非君臣。倒是如今你擅自闯入了我的洞天福地,破坏了我的炼丹济世之计。如此无礼,岂不教众仙耻笑,万民痛恨么!"

刘彻闻言,上前作揖道:"仙人在上,请受朕一拜!"

野老亦忙扶住刘彻道:"不用不用。你有什么要求,不妨讲来。"

刘彻说道:"寡人思贤若渴,仙人乃神医妙手,朕欲请仙人入朝相助,不知意下如何?"

野老狂笑道:"此话差矣,此话差矣!"他不屑与刘彻多谈,只见一道白光闪动,飞腾出寺,狂笑之音不绝于耳。

刘彻一觉醒来,已是东方发白。他急忙披衣而起,也不唤随从,立即走至仙岩细察,仍无任何踪迹可寻,于是用剑在岩石上刻下了"野老泉"三字。从此,病家求医再无人送药,只在野老岩下留下了一个泉池,供人们游赏。过了千百年,"野老岩"三个字被风雨剥蚀殆尽了。一天,宋代的大文豪苏东坡游南山,一见此泉,高兴极了,就在模糊难辨的刘彻剑刻之处,亲自刻下了"野老泉"三个字。从此,野老泉就出名了。

陶侃钓金梭

陈印昌

都昌县城西去五里,是鄱阳湖西部的湖湾。湖湾中耸立着一座高高的钓矶山。山的南面,有一块平平整整的大石头伸向湖面,形状如台,这就是都昌县八景之一的"陶侃钓矶"。

陶侯,是东晋时期的大名人陶侃,他任过柴桑侯、九江太守、都督八州军师,被封为长沙郡公。

相传,陶侃的父亲陶丹是位廉洁奉公的清官,一生两袖清风。父亲亡故后,年纪尚幼的陶侃跟着母亲来到钓矶山脚下居住。母子俩相依为命,过着十分贫苦的生活。陶母为了糊口和维持陶侃读书,只好操起织布梭子,一天从早忙到晚,一年从春忙到冬,靠织布挣来一些微薄的工钱,勉强度日。

劳累过度,加上生活苦得好像吃黄连,有一次,陶母竟晕倒在织机上。这时,陶侃放学回家,眼见陶母昏迷不醒,心慌意乱,就号啕大哭起来。陶母苏醒后,一见陶侃这般伤心,只好按住胸中的悲痛,安慰他:"孩儿,别难过,妈妈已经好转,能继续织布啦!"

陶母尽管年纪还不到半百,两鬓却已染满了白霜,两颊布满了皱纹,过早地衰老了。陶侃看在眼里,痛在心头。他想,自己家住鄱阳湖边,湖里有鱼,不如一边读书,一边钓鱼,既可以换些零用钱,又能经常煮点鱼汤,给母亲滋养身体,于是,便把这一心思对母亲说了。陶母一听,眼泪一滴一滴地涌了出来,深知陶

侃虽然年小,却很有孝母之心。她抚摸着陶侃的头,语重心长地说:"孩儿,你一定要小心,切不可只顾钓鱼,忘了学业!"陶侃记住母亲的教诲,备了长竿,系上长丝,常常在湖湾一座小山的石台上,临湖垂钓。

陶侃天资聪颖,不仅读书悟性颇高,钓起鱼来,也很精明,不管哪天出钓,总能钓到满篓的鲜鱼。

一天晚上,正是月中十五,圆盘似的月亮映在湖中。湖面上,水平如镜。陶侃借着月光,在石台上垂钓。就在这时,钓丝上的浮标连连晃动。陶侃忙提钓竿,谁知,竿重得很。他心里想,这准是一条大鱼上钩了!就使劲地提上了岸。霎时,只见那钩上的东西金灿灿、光闪闪,原来是一只织布的金梭子,这真是渔家织网的好宝贝。不知是哪位伯伯、叔叔失落的?于是,陶侃便把这只金梭子挂在石台边一个显眼的石壁上,好让失主能在这里找到自己的失物。

夜已深沉,陶侃拎着鱼篓奔回家中。一进门,就把这事一五一十地禀告了母亲。陶母见儿子拾物不昧,暗暗高兴!

这一天,陶侃又来石台钓鱼。不久,湖面的不远处飞起一朵五彩缤纷的水花。水花中,一位身穿绡衣的美丽少妇冉冉升起,飘飘荡荡向石台走来。陶侃睁眼一看,大吃一惊,急忙收竿,拔腿就跑。少妇急忙开口,诚恳地说:"陶侃,我知道你是个有孝心的好孩子,为解救你母亲操劳之苦,特来送上金梭!"

陶侃听了一愣,心里猜度,这到底是个什么人哪?听她的话语,情真意切;瞧她的面容,和蔼可亲,看来倒是位心地善良的好人。可是,转念一想,这种善良人为什么在湖水里呢?正待要问,少妇忙把金梭挂在鱼钩上,指点着说:"快拿去吧!这金梭一夜能织布百匹。"随即,波光一闪,那少妇踏波飘向了远方。

陶侃高高兴兴地拿了金梭回家,又把这事向母亲细细说了一遍。陶母是位贤惠而又朴实的夫人,心里有点不高兴,就劝诫陶侃:"此是别人之物,我们不能无缘无故接受,快快送还原主吧!"

这时天色已到黄昏。陶侃遵从母命，拿着金梭，急匆匆来到石台，可面对茫茫的鄱阳湖，到哪里去找那位少妇哇，正凝着双目发愣。忽然金梭发出一道金光，直射湖内。少妇又从波光中走出来了，问道："小陶侃，为何拿去又拿回来？"陶侃答道："这金梭虽好，但我母亲不肯受这无功之赏，谢谢你的好心！"话音刚落，只听得"扑通"一声，陶侃把金梭抛到了少妇身边，返身就往家走。

这天夜里，陶母吃过晚饭，正要进机房织布，那只金梭从窗子外飞了进来，"唰"的一下落在织布机上，自动地穿梭在长长的棉线间。果真，一夜功夫，金梭织出了百匹长布，还能自动地吐出雪白的细绵绵的棉线来。

原来，那少妇是龙宫里织绢的一位鲛人，她在湖上游玩，得知陶侃孝母虔诚，就把这只由小金龙变的金梭送给了陶母。不久，金梭织布的事一传十十传百地传开了。渔民们都跑来陶母家中，看热闹，问长问短。过了几天又传到了王家村王湖主的耳朵里。王湖主虽然家有万金，却是个雁过都要拔下毛来的贪财鬼。他听说有这么一只神奇的梭子，怎么能不起坏心？这天，他带着几个家丁来到陶母家中，似笑非笑地说："嘻嘻！听说你有一只金梭，请拿出来让我见识见识！"

陶母晓得来者不善，便慢条斯理地答道："看来你不是想见识金梭，你是来抢金梭哪！"

王湖主瞪着大眼，恶狠狠地说："简直不知天高地厚，胆敢违抗老爷的心意。那我就真的要动手抢啦！"

陶侃霍地站了起来，一股怒火冲上脑门，大声怒斥："在这光天化日之下，敢抢我的金梭，我去官府告你！"

王湖主把手一挥："动手！"正当他们拥进机房要动手打抢的时候，金梭猛然飞腾起来，将王湖主和家丁们一个个悬空吊起。王湖主一见，捧腹大笑，连声大喊："好金梭！好金梭……"这时，金梭飞出屋门，飞上湖湾的小山，飞过山下的

石台,飞到北庙湖湾。金梭发出一道金光,射向天空。接着一个闪电,一声炸雷,暴雨铺天盖地倾泻下来。风越来越大,金梭越飞越快。王湖主一伙这才吓得魂飞魄散,连连喊叫:"金梭饶命!金梭饶命!"这时回答他们的,只是一声巨响,金梭化成一条金龙,就地一卷,眼见湖湾边出现一个深潭。金龙把贪得无厌的王湖主和几个家丁一同卷进了潭里,把他们变成了肉泥。

从那以后,这口深潭就被称为金梭化龙的"梭龙潭",那块石台被称为"钓鱼台",那座青山则被称为"钓矶山"。

王勃过鄱阳

杨文清

"初唐四杰"之一的王勃自幼聪明，十四岁就中了秀才。当时，他父亲在交趾做县令，得知这个消息，非常高兴。为了把儿子培养成人，他派老家人王福到山西绛州龙门老家，去接王勃到身边来，以便在公务之余，加以指点。王勃很理解父亲望子成龙的心情，便和王福一道，从老家出发了。

这一天，王勃到了彭泽马垱，信步向马垱山走去，想观赏一番浩瀚长江的景象。忽然，他发现山上古庙前的大石上坐着一位眉须皆白的老人。老人见王勃走上山来，微笑着问道："公子可是山西绛州龙门的王勃？"王勃见问，不觉一惊，忙点头回答："晚辈正是。老丈有何见教？"老人接着说："明天是九九重阳，洪州都督伯屿要在滕王阁举行盛宴，江南名儒以及文人学士将在那里云集。听说公子才高，何不速速赶去添上一篇诗章呢？"

王勃一听，心想：要是能赶上这个盛会，自然很好。可是，从马垱到南昌路途遥远，纵有双翅，只怕也难在明天赶到滕王阁。老人猜中他的心思，笑笑说："公子，彭蠡湖这一带水府都是我管辖的地方。如果你诚心想去，我可以助你一臂之力！"王勃满心欢喜，正要躬身施礼，问个清楚明白，忽然一阵清风，老人不见了。王勃暗自惊喜，仿佛做了一场梦，便无精打采地走下山来。

说来奇怪，王勃来到江边时，只见大江对岸一只小船正朝着他站立的地方划来。船头站着一个眉清目秀的姑娘，船尾有一位红光满面的老者操着舵把。

小船在岸边停靠。王勃心中一动,信口问道:"船家,我有急事,明天要赶到南昌,你的船能送我前去吗?"

船上的老汉看了看天色,很有把握地回答道:"公子,你遇上好机会啦!马上要刮大北风,送你明天到南昌,保证误不了。"

王勃一听,满心欢喜,便和王福一同上了船。小船起锚扬帆,一离岸便像离弦的箭,飞快地驶向江心。转眼间,小孤山已经一闪而过,一个时辰后,小船便到了湖口,拐弯驶进了烟波浩渺的鄱阳湖。

就在这时,果然起了北风,船顺风势,在湖上行得飞快。王勃从船舱里向外面一望,只见滔滔白浪一个接一个地向前推涌,小船在大风浪中摇荡,使人有些头晕目眩。那个姑娘见王勃有点不安的样子,就说:"公子,不要怕,快到船头上来,看看湖上风光吧。等到了小矶山,我们停船稍稍歇息一会儿。"

王勃便走出船舱,船已停靠在都昌小矶山。此时,天快黄昏,只见西边的太阳刚刚落山,霞光灿烂,南面一望无际的湖面上,水天一色,鸿雁啼唱。王勃顿觉心旷神怡,他略一琢磨,脱口吟道:"落霞与孤鹜齐飞,秋水共长天一色。"

天渐渐黑下来,王勃被鄱阳湖壮观的湖光山色深深迷住了,睡意全无。他从南昌的地理位置,联想到历史上的一些著名人物以及自己的抱负,想着想着,一篇美妙的文章已经打好腹稿了。

苏耽磨剑升天

沙湖人

元辰山,是天下道家第五十一福地,位于都昌北部的苏山境内,拱辰矗立,为都昌西北端群山之首,故名"元辰山"。山中紫雾缭绕,空蒙迷幻,相传是苏耽得道升天的地方。

汉文帝时,苏耽携母从湖南郴州云游来到都昌元辰山,在山中一块平坦的石台上结庐而居,并在旁边凿了一口水井、一个圆形药臼、两个油盐潭,还在四周种了一片橘树。苏耽一边尽心尽力地奉赡老母,一边学道炼丹,过着清贫隐逸的生活。

民间传说,少年苏耽是草药郎中,自幼就是孤儿。他母亲未婚先孕,老外婆逼他母亲弃子另嫁,母亲疼儿不舍,藏小苏耽于山洞中,有白鹤守护,梅鹿哺乳。苏耽长大后与母亲团圆,放牛砍柴,种橘采药,炼丹修道,治病救人,至孝事母,亲和邻里。

一天中午,苏耽做好了饭,伺候母亲用餐。母亲咂巴咂巴嘴说:"儿啊,要是有点腌鱼下饭就好了。"苏耽当即停下筷子,起身拿了钱就出了门,说:"娘,我这就给您买去。"

不一会儿,苏耽就抱着一坛腌鱼回来了。老太太问:"上哪儿买的呀?"苏耽说:"不远,县城集市上。"老太太瞪大眼睛,说:"儿啊,县城离咱这山里一百二十里,你骗你娘啊!"就在这时,西北的天空紫云氤氲,云中出现一只白鹤在翱翔飞舞,渐飞渐近,最后翩然落在苏耽家的草庐内,围着老太太欢快地叫着,十分亲昵。苏耽指着这只白鹤对母亲说:"娘,刚才我是驾鹤而去,驾鹤而回的。"老太太这才知道儿子是个非凡人物。

苏耽潜心在元辰山修仙慕道,驾着白鹤云游四方。他在土目尖山与云游至此的张果老几番对弈,不分伯仲,气得张果老将手中挥毫题诗的毛笔随手一甩,甩到十里之外的尖山顶上,化成了今日的"文笔峰"。县城的清隐书院内有一岩池,岩石光滑流亮,池水清澈见底,相传苏耽经常背剑至此,掬着池水在岩石上磨剑,有诗云:"苏仙磨剑上瑶池。"

过了好几年,有一天,苏耽起了个大早,把茅庐打扫得干干净净,又在房顶上加盖了许多芦草,把茅庐四周遮挡得严严实实。老太太好生奇怪,问道:"儿呀,你要出远门吗?"苏耽对母亲说:"娘,儿已得道,要升天了。我走了以后,您可以用井水浸橘叶和药臼里我捣好的药给乡邻们治病,乡邻们会感激您的。就请他们给您几个钱养老吧!"说罢,苏耽便驾鹤去了跃马岭,他跪在一块巨石上,朝着茅庐方向三拜九叩首,随即便身背宝剑,蹬上一匹白马,飞升而去。

苏耽升仙后的第二年,都昌县境内闹起了大瘟疫。苏母就按照儿子说的,摘了大量的橘叶浸在井水里,起早摸黑,走村串户,用橘叶水和药臼里的药治病救人,让附近成千上万的人死里逃生。百姓们感恩不尽,磕头道谢,纷纷给老太太送米送菜,侍奉救命恩人。苏母活到一百零六岁,无疾而终。

　　后人为纪念苏耽及其老母,在元辰山上母子俩结庐栖居的地方建了一座庙,乡人供奉为苏仙庙。每天清晨,依然有一只白鹤飞来,守护在庙旁,至太阳西沉才飞离元辰山。庙旁那块大石上的两个油盐潭依旧能出油盐,足够供庙中两个僧人一天之用。谁知俩僧人贪心,将油盐潭凿大了一些,于是,油盐潭干枯了,不再出油盐了。那只白鹤在元辰山上飞旋了好一阵,便朝东飞去了。

　　那只白鹤终于在山岭中一片平旷的田野上落下了,落在一个草舍里,再也不飞了,与一个替田主看护田园的农夫栖舍而居,相依为命。多年后,这里出现了一个村落,叫"鹤舍村"。

罗隐金口银牙

刘章高

罗隐在都昌的传说很多,一说是唐朝钱塘人,一说是晋朝耒阳人,前古没有定论。罗隐文采出众,但仕途并不腾达,于是就放荡山水之间,遍走江南各地,留下了许多传说。

传说,罗隐在学堂读书时,从家里到学堂要过一条河。别家的孩子都是绕路走,而罗隐从来不绕路,每次上学放学,总有个白须老人驮他过河。有天晚上,那个老人托梦罗隐,说他有天子之命,不是凡骨。罗隐第二天就把梦中情景告诉爹娘。爹娘十分欢喜,知道那个老人是神,看见罗隐读书天赋很好,又很懂情理,比别的孩子聪明得多,十分相信这件事,认为儿子真的能有大出息。

罗隐的娘脾气暴躁,一点小事也喜欢跟人吵嘴。一天早上,她为母鸡下蛋跳窝的事跟上边叔婆大吵一顿。当时她正在洗碗筷,狠狠地把一把筷子在灶上一搭,说:"要是俺崽以后做了皇帝,就先把你上边叔婆杀了!"当时,灶公菩萨被她一搭筷子,还有她那一句话,吓得筛糠似的颤抖起来,当夜就上天告状:"玉皇大帝,那个罗隐不能做皇帝,他要是做了皇帝,天下不晓得有多少人要被杀头。"于是,玉帝传太白金星上殿,命他"下凡给罗隐换掉仙骨,免害众生,令其还俗"。

腊月三十,半夜三更,罗隐突然困在床上翻来滚去,大叫"身上痛",满身冒大汗。这是玉帝派来的太白金星在给罗隐换骨,把他一身仙骨换成一身凡骨,让他失去了天子之分。

罗隐被换了骨头，最终成不了大事。但是，他保住了一副好牙没换，成了金口银牙，说什么成什么，许多事都是他说成的；他还保住了一双仙骨脚没换，所以脚健，走遍各州各县，游览山山水水。

一天，罗隐来到鄱阳湖边上的虬门嘴，天色已晚，准备借宿，那妇女说："俺这里好多蚊虫，只怕先生受不了。"罗隐说："我一扇掸千里。"妇女说："那倒不要掸千里，只要保得俺这里没蚊子就行。"罗隐说："好吧，蚊虫大似蛾，一扇掸过河。"从此，虬门嘴没有蚊虫，而河对面蚊虫多得不得了。

罗隐走到栗坳，栗坳是烧缸甏的地方。罗隐向烧缸甏的师傅讨茶喝，师傅们正在忙着添柴做坯，又热又累，没好气接待他。罗隐很生气，说了句："上坳对下坳，犟山对栗坳，烧个缸甏钵，只只爆。"果然，这里从此没烧过一窑好货，只好搬了。

罗隐路过一个油榨坊，油榨老板很吝啬，让他干坐了许久也舍不得泡碗茶来。罗隐垂头丧气继续坐在凳上等。他看见几只蚂蚁在吃油，就赌气对蚂蚁说："我茶都没得喝，你还吃油？"油榨老板听了，知道是在奚落自己，对罗隐更不客气。罗隐起身要走，丢了一句："不出油，就出楷。"油榨老板气得爆起眼来要骂他，罗隐又补上一句："打油乒乒嘭，打得三年卖榨筒。"油榨老板见这人很怪，出口成章，便不敢得罪，扯住他的衣角好声说："先生，刚才都是我的错，请你说些好话吧，也要让我做些生意。"罗隐这才改口说："打油墨墨乌，不绰油来也绰楷。"从此，油榨里没蚂蚁，油打得不好时，油少楷就多，两样总有一样得。

一天，罗隐在路上饿了，有个村妇留他吃饭，可是没有好菜招待。村妇就在鸡窝里捡来两只蛋，弄给罗隐吃了。罗隐说："这蛋真好吃，那下蛋的鸡要看得重哦。"罗隐对鸡说："鸡呀鸡，饿了就到干净堂前吵，屙屎就往外面草地跑。"鸡听错了，以为是"饿了就到外面草地吵，屙屎就往干净堂前跑"，所以，鸡饿时总在草地里寻食，屙屎总屙在刚扫干净的堂前地上。

一妇人在舂大麦，久舂也舂不碎。罗隐走过，想讨口茶喝，这妇人说："等我

舂完这麦就给你拿茶去。"罗隐不会久等,就走过身,送她一句:"大麦一条沟,舂断妇女腰。"那妇人很是奇怪,说:"我就去拿茶,请先生说过一句。"罗隐告诉她:"晒干大麦打湿碓。"妇人浇点水在碓臼里,麦子就很容易舂碎了。

罗隐翻过一座山,累了,就一屁股坐在一棵刚刚被砍断的松树蔸上。歇了会儿,他起身要走,被松油黏住了裤子,气得破口大骂:"松油黏我身,你永世不爆孙,白蚁蛀你心!"斫树的人听见了,说:"那怎么行,那不要绝种吗?"罗隐补了一句:"飞子可成林。"所以,松树蔸上都不再长树苗,是靠松子飞落地下发芽成苗,一长就是一大片。松树被斫倒以后,最容易被白蚁蛀空。

松树得罪了罗隐,而杉树干爽,罗隐就封杉树为树王。松树自认倒霉,樟树又有气,怎么不封我?我也是四季常青,还满身是药,又香气四散。可是罗隐已经封了杉树,就不能改封了。樟树不甘心,死了都不服。所以,樟树的树心永远不干,总是湿湿的。

罗隐看到百兽里面老虎最骁勇,斑纹又好看,就封了老虎为兽王。哪知除了老虎还有更凶猛的狮子,罗隐封王的时候没看到狮子。狮子不服气,就跑了,跑到罗隐看不到的地方去了。所以,江南只有老虎,没有狮子。

罗隐在路上碰到一阵雨,前不着村后不着店,无处藏身,就躲到一丛蚊虫柴(黄荆)底下。蚊虫柴叶子很茂盛,开始可遮雨,后来就不行了,雨水漏下来打湿了罗隐的衣裳,罗隐说:"蚊虫柴当不得伞,长千年锯不得板。"果然,蚊虫柴长大就空心,也从来长不成大树。

罗隐来到上鄱阳山里,村民都要栽田。有人猜是罗隐,就盛满了饭,饭上放了几块肥肉,端给他吃。罗隐见别人这么客气,很欢喜,说:"好好,上里肥下。"所以上鄱阳耘田,总是撮灰在土面上。罗隐到了下鄱阳金盘岭,栽田的人也盛饭给他吃,碗底下放肥肉,上面放饭。罗隐说:"也好,下里肥上。"所以下鄱阳耘田,总是把灰塞进泥巴里。两种放肥方法,禾苗一样长。

六月天,罗隐路过一片田畈,见港那边有人在车水,想对车水的人讨水喝。

车水的人一桶水要保半天,把水看得很重,就没给。罗隐就走到港这边来,对这边车水的人讨水喝,这边的人给了。罗隐对他说:"你不要车,等下要落雨。"真的不一会儿,港这边落得田里有水淌,而港那边太阳还是红红的。所以后人就说"六月天里落雨隔牛背"。

  罗隐来到建德县,看到有个孤老妈妈很可怜,就放了一颗酒曲子在她井里,搅了搅,叫她把井水舀起来当酒卖。这老妈妈真的照他说的做了,生活有了来源。过了一些日子,罗隐又来这里,问老妈妈生活如何,老妈妈说:"酒倒还好,就是里面没有糟,我想卖酒,又用糟供猪,赚大钱。"罗隐听了,心想这个人不知足,说:"井水当酒卖,还怪酒没糟。"就把酒曲子收走了,后来井水再也没有酒味了。

  罗隐最后老死在都昌,葬在县城西河边。宋朝开西河,挖到了他的墓,墓石上有首诗:"此地好行船,权葬一千年。直待顾主簿,移我到望仙。"当时督工开河的县主簿正是姓顾的,离晋朝也刚好一千年。顾主簿就按罗隐自己的安排,把他的墓移到矶山望仙墩去了,这墩此后就叫"罗星墩"。

苏东坡南山题字

詹玉新　陈印昌

苏东坡被贬官后，辞去了所有的妻妾，只带了一小卷行李、两名心腹家奴，离京去天南。主仆三人，行走一日，来到一家小店投宿。深夜，正当苏东坡面对孤灯，无言静坐时，突然，房门推开，走进两个女子来，女子"扑通"一声跪在他脚下。苏东坡抬头一看，竟是他的爱妾碧桃和一个丫鬟。只见碧桃风尘满面地抱住苏东坡的双膝，哭道："老爷，你蒙受大屈，孤独南下，贱妾怎么也放心不下。我跟随老爷能享荣华富贵，也能度过艰难困苦，你就把我留在身边吧。"苏东坡又何尝不想有一位爱妾伴他南去呢？他便扶起碧桃，把她留下了。

苏东坡他们日夜兼程，经安徽，渡长江，入湖口，一路上，衣食起居有碧桃细心料理，苏东坡的悲愤忧郁渐渐平息。可是，碧桃毕竟是身体单薄的女子，哪经得住连日的颠簸？刚到鄱阳湖碧桃就染下病了。苏东坡不免又增添了忧虑。他吩咐家奴，先在鄱阳湖边的都昌县城停靠几日，找良医给碧桃治病。

都昌县城南有个书院，苏东坡一行五人便在这里安宿。

谁知，名医求遍，良药用尽，碧桃的病反而日复一日地加重。苏东坡闻知南山古寺神明最灵，便带着香烛纸马，由一家奴引路，乘小船来到了县城前面的南山。只见绿树翠竹中，有一座青瓦白墙的庙宇，正门前方，"古南寺"三个大字赫然醒目。苏东坡跨进庙门，寺中的惟湜和尚忙迎上前。苏东坡说明来意，惟湜和尚听罢，连忙吩咐小和尚点燃香烛纸马，敲响木鱼，陪着苏东坡跪在佛前，合掌祈祷起来。谁知祈祷刚完，一阵山风卷进殿堂，吹灭了佛灯，一堆纸钱灰被卷得满殿飞扬。

惟湜和尚和苏东坡好生奇怪，走出庙门，只见浮云漫卷，满山松竹呼啸，满湖白浪翻滚。苏东坡惦念碧桃，连忙告辞下山。可是，湜惟和尚拦住了他，说道："先生，此时风急浪高，小船不可横渡，请暂去陋室用茶，待风平浪静，再返渡不迟。"苏东坡无奈，只恨不能身生双翅飞过湖去。他无心回寺用茶，自顾一步一颠登上南山顶上的八仙石，面对都昌县城，隔湖凝视，一时心绪繁乱：他想到老年失志，仕途潦倒；想到此行谪贬天南，爱妾又患重病……悲戚交加，感伤万分，便信口吟出一首诗来：

鄱阳湖上都昌县，灯火楼台一万家；

水隔南山人不渡，东风吹老碧桃花。

惟湜和尚一旁听罢，并不理解诗中的含意，只当苏东坡是对景咏物，连忙叫小和尚拿来文房四宝，请苏东坡将此诗书下。当看到落款书的是"眉山苏轼"四字时，惟湜和尚顿时傻了眼：原来这位竟是大名鼎鼎的苏东坡，当即连说"失敬"，又赶忙备了一桌丰盛的斋饭招待苏东坡。

吃罢饭，风停了，浪静了，苏东坡急急告辞，惟湜和尚送他下山来。当他们走到一座大石岩下，只见一泓泉水，清澈如镜，惟湜和尚哪知苏东坡的心境，硬是要他为岩泉铭志，苏东坡推脱不得，便根据汉武帝刘彻当年南巡，请南山岩下老人出山的传说，题写了"野老泉"三个字。随即，匆匆下山返渡而去。

苏山坡和家奴俩奔进书院时，碧桃已经死去了。苏东坡一阵晕眩，倒在两个家奴的怀抱中。

这真是雪上加霜啊！苏东坡悲痛万分，一下变得更加苍老了，他无心再在这鄱阳湖上久留，便吩咐家奴继续启程南行，并要将碧桃的遗体一同带往海南，让她永远伴在自己的身边。

小船启航了，苏东坡忽然发现身边碧桃的遗体不见了，他一阵惊讶，揉揉眼皮，可是怎么也定不下神来。这时，只见一位女子亭亭玉立站在他的面前，手端一碗热茶，满脸春风。苏东坡更觉奇了，连忙问道："是碧桃吗？你不是离我而去了吗？"碧桃笑了，说："老爷，玉皇大帝念您博学多才，为官清正，有意助您渡过目前的逆境，特封我为碧桃仙子，侍奉您到海南。"

苏东坡一听，顿时笑逐颜开。他奔到船头，双膝跪下，朝天叩拜再三，又大呼道："青天有眼，我眉山苏轼纵是再苦再难，也要竭力普度百姓，报效天恩！"苏东坡拜谢完毕，只觉得湖面碧澄，长空碧蓝，小船鼓满风帆，似箭一般，飞出鄱阳湖，直入赣水而去。

从此，苏东坡在都昌县城的南山题诗和野老泉的题字石刻给后人留下了一个美丽的传说。

张献忠铁柱镇蛟

罗水生

在鄱阳湖西一个叫土目的地方,茫茫的湖面上竖着一根黑黑的柱子。据说,这柱子下面镇着一条公蛟呢。

这究竟是怎么回事呢?话还得从三百多年前说起。那时,天下大乱,民不聊生。鄱阳湖不知怎的也出了个蛟精,在土目这一带湖面上兴风作浪,翻沉船只,淹没田地,搞得渔民不敢下湖打鱼,也不敢到湖滩上种田,这里成了一个荒凉可怕的死湖。

崇祯十六年(公元1643年),陕西的"八大王"张献忠来到了这里。这一天,到了土目,突然浓雾四合,激浪翻滚,几千艘船只在浪上颠簸。张献忠从帅船的座舱内出来一看,只见前面有一条数十丈的大蛟横卧湖上,口如血盆,涎沫直流。张献忠大声喝道:"哪里来的妖物,敢阻我大军!"他命令侍从拿起铁臂弓,猛然射出的一只金翎箭"嗖"的一下正中大蛟的左眼。大蛟痛得在湖中发狂地翻滚,湖水被搞得好像开了锅,昏天黑地,激流汹涌。大队船只被甩下数十里,好不容易才在一个滨湖小村旁停顿了下来。张献忠检点船只,发现一下少了上百艘,心中异常气闷。这时,义子李定国上前劝道:"父王,请勿愁闷,上岸去散散心吧。"张献忠点头应允,两人也不带随从卫兵,下船上岸,信步向村子里走去。

这是个小渔村,房屋破败,无人踪影,长满荒草的小路上不时窜出蛇鼠来。张献忠和李定国也不禁感到有些心惊,心想:定是被妖蛟害的。这时,忽见村南有炊烟。李定国说:"父王,那里好像有人。""去看看!"俩人来到一间茅屋前,推门一看,只见屋内到处堆着铁块,中间的一座打铁炉内还留有余火,一个老人昏倒在炉旁。李定国急忙上前把老人救醒,经过仔细询问,才知道沿湖的百姓决心联合起来,除掉那个祸种。现在摸清了巨蛟的巢穴就在湖中心那块巨大的鹞石下面,只要打穿鹞石,竖一根铁柱,四周用铁牛镇守,用铁链连接起来,就可以镇住蛟害。大家四处搜集铁块,并推老铁匠锻造铁柱、铁链和铁牛。现在,铁链、铁牛已打造出来了,因缺少一块精铁做柱心,所以铁柱没有打造出来。老铁匠由于年老身子弱,又劳累过度,所以昏迷过去了。张献忠听清了根由,得知有除蛟的办法,遂决定帮助百姓。

回到帅船中,张献忠当下抽调了三百名精悍的士兵,由李定国带领,在老铁匠的协助下,砌了一个大铁炉,把生铁块加熟后,反复锻打。这样干了三天三夜,还是没有锻打出一块精铁。张献忠急得大叫:"我几十万大军怎能被阻在这里!"真是人急生智,他一眼盯住了悬挂在大帐中的两把宝剑。这两把剑由精钢铸成,锋锐无比,是张献忠心爱的东西。他上前"唰"地抽出一把递给李定国,说:"用它做柱心吧。"这把宝剑投进炉中后,果然有效,经过一天一夜的冶炼,终于熔化了两万斤生铁,铸造了一根长一丈四尺的大铁柱。

次日清晨,一个蛮大的木筏载着铁柱、铁牛,由一千艘快船护送着,浩浩荡荡地向鹞石驶去。一到土目湖上,形如鹞鸟的大石旁"哗"的一下,浪涛滚滚,妖蛟浮出水面,挟风带水冲向船队。张献忠在老铁匠的指点下,不慌不忙地命令各船把携带的用香油烹炸的食物和宰杀的猪狗丢入湖中。妖蛟闻到香油和血腥味,张开血盆大口,拼命地吃。不一会儿,妖蛟肚内的食物越来越多,身子沉重,活动不灵。张献忠急令放箭,霎时间,万箭齐发,妖蛟身受重伤,潜入鹞石下面的深穴中躲藏。湖面就此平静下来,木筏和船只趁此机会,很快地靠拢鹞石。张献忠指挥将士在鹞石上凿穿一孔,将铁柱竖了起来,随即又把铁牛与铁柱用铁链相连,沉入东南西北四方的湖水之中。从此,妖蛟被镇压在下面再也不能出来作恶了。

八仙醉酒南山石

詹昌珍

鄱阳湖上的都昌县城,南面有一座风景秀丽的南山,山顶上有一块平坦的四方大石块,这就是人们所说的"八仙石"。

相传在唐朝末年,县城里住着姓王和姓李的两户人家,王家生了个儿子叫王奋,李家有个女儿叫菊香。有一年,县城里疫病流行,王奋和菊香的父母不幸染病去世,丢下两个孩子生活无依无靠,孤苦伶仃。他们两家隔壁有一个叫郝包皮的财主,见王奋和菊香都已有十多岁了,再过几年能成为长工和丫头,便假仁假义,把他俩留下来,做他的小用人。

日子过得很快,没过几年,王奋已是个英俊壮实的好后生,菊香已是一位花容月貌的好姑娘。由于他俩从小青梅竹马,如今又朝夕在一起,彼此间也就有了爱慕之情,俩人私下山盟海誓,愿结百年的夫妻。可是郝包皮眼见菊香聪明俊俏,心想,要是把她嫁出去,一定能捞到一大笔钱财。他知道王奋和菊香心心相印,要把他们拆开,可不是一件容易的事。于是,眼珠转了几转,一个恶毒的诡计顿上心来。

这天,菊香正在扫地,她隔窗看见郝包皮正鬼鬼祟祟拿着一碗油饼做什么。菊香想:这"活剥皮"又是要干什么伤天害理的事,心中急得跳个不停。黄昏时分,王奋收工回家,菊香急忙拿起一只提桶,装作到井边打水,拦住王奋说:"奋哥,晚上你若是吃油饼,千万要小心哪!"菊香把隔窗看到的情况一一告诉了王奋。王奋听了,气得两眼翻白,他对菊香说:"我要戳穿他的诡计。"

晚饭时,郝包皮装出一副似笑非笑的样子,指着桌上那盘黄灿灿的煎饼说:"王奋,今天你太劳累了,特为你做了一盘油饼,快吃吧!"王奋佯装很高兴,马上夹起一块油饼就往嘴边送,不料油饼滑脱筷子,落到地上,被郝包皮一条心爱的大狗一口叼走了。郝包皮大惊失色,急忙追打,哪知那黄狗早已把饼吞到肚里,立刻在地上滚来滚去,哀号几声就死去了。郝包皮见阴谋败露,恼羞成怒,就诬陷王奋打死了他的看家狗,当即叫来几个如狼似虎的家丁,把王奋打得不知人事,拖着他把他丢上了南山。

时间正是初冬季节,北风呼呼,寒气袭人。王奋从昏迷中慢慢醒来。忽然间,山顶上传来一阵杯盏交错、猜拳行令的谈笑声。他爬起身,忍着剧烈的疼痛,顺着山道往上爬。呀!只见山顶上悬起一颗雪亮的明珠。他想,这深更半夜,还会有谁到这山顶上饮酒呢?他觉得奇怪,爬上前,仔细一看,那些人有的背着葫芦,有的身插宝剑,有的摇芭蕉扇,有的手执一朵莲花……一个大肚子正在开怀畅饮,旁边一棵树上还拴着一头小毛驴……数来一共是八个人。忽听得他们一会儿怒斥当今世界的不公平,一会儿又谈笑着修仙慕道的快乐逍遥。王奋心中不由得大喜,他们一定是传说中得道成仙的八位仙人。我今天遭此劫难,何不去求八仙救我。于是,他迎上去,朝着八仙跪地就拜,八仙猛听得有人求拜,转脸一看,见是一个遍体鳞伤的小伙子,好不怜惜。一位仙人马上取下葫芦,倒出一颗仙丹,叫王奋吞入肚内。顷刻间,王奋只觉得浑身是劲,百痛全消,心中甚是感激,又急忙跪下,拜谢仙人救命之恩。接着,一位身插宝剑的仙人问过王奋的遭遇后,十分气愤,同那衣领插箫的仙人做了个商量,便把一只玉洞箫交给了王奋,并如此这般地做了叮嘱。

第二天,郝包皮在城里忽然听到南山上传来一阵悠扬悦耳的箫声。他跑到城边的南门外,朝南山一望,只见山中花团锦簇,五彩缤纷。他惊疑不解,马上带领家丁气喘吁吁地赶到南山,一见王奋没死,还在快活地吹箫,不由得大吃一惊："你,你……你是从哪里得来的这支玉洞箫?"王奋笑笑,用手一指说:"仙人相助,你看,他们还赠给我一桌仙酒呢!"郝包皮上前一看,果真不假,石案上,金杯玉盏里盛满了各种佳肴美味、琼浆玉液。他口水流出了三尺长,一手将王奋推在一边,说:"你这穷鬼哪有这份口福,这是仙人给我的。"话音没落,郝包皮顺手端起一杯酒一饮而尽,又拿起筷子猛吃起来。哪想到这酒菜一入肚,郝包皮竟一下子旋转起来,最后"扑"的一声倒在地上,立即变成了一堆又硬又黑像牛粪样的石头。众家丁一见,吓得屁滚尿流,狼狈逃命了。

当天,王奋一回到家里,就和菊香相会了。两相情愿,结为夫妻。

自然,八仙喝酒的那块岩石,就叫"八仙石"了。

第四章 鄱阳湖大战的传说

"水面天心"老爷庙

陈印昌　刘铨

从都昌县坐船开向浔阳,一进入鄱阳湖出入咽喉的湖湾,就可以看见老爷庙南面一块高高的岩石上,刻着明太祖书写的"水面天心"四个大字。这字笔力雄健,龙飞凤舞,许多过客游人都瞩目赞赏。

鄱阳湖的这一湖湾的对岸是名扬中外的庐山。这里是历代兵家必争的雄奇险要之地。朱元璋在鄱湖大战十八年，就在这湖岸的老爷庙里驻扎过兵营。

一天，朱元璋正在岸边操练兵马，突然，一只大白鸟从天空徐徐飞来。"唰"的一声，落在朱元璋的马前。朱元璋凝神一看，原来是一只带箭的白天鹅。左右的兵将连声喊道："快捉住！快捉住！"并不停地祝贺："主帅，这是你的口福好，飞来了一顿鲜香的美餐！"

朱元璋身边的刘基军师也笑呵呵地说："古时候，武王伐纣，在行军过河的途中，忽然有条白鱼跳上船来，结果，打败了纣王，得了天下。今天，天鹅落在主帅的马前，看来倒是个吉祥之兆！"

朱元璋走上前，仔细打量这带箭伤的白天鹅。白天鹅好像也知人性，用凄楚的双眼望着这位主帅，口中发出嗷嗷的哀鸣。朱元璋不禁感慨起来，烽火连年，碧澄澄的湖上，百姓不安，湛蓝的天空，飞鸟遭殃。这白天鹅一定是受了陈友谅军队的箭伤。想到这里，朱元璋长叹一声："唉！飞鸟有什么罪过啊！"于是，吩咐左右取出天鹅身上的箭杆，并叮嘱夫人马氏，在军营里好好为天鹅治伤并喂养天鹅。随即传令全军，不得任意射伤湖上的飞鸟。

时光一晃，转眼已经几个月了，这只受伤的白天鹅，在马氏夫人精心的饲养下，伤口全好了。从这以后，朱元璋打仗回营，白天鹅总是拍打着洁白的双翅，

伸着长长的脖子,向朱元璋迎上前去,亲热地用嘴巴吻着朱元璋的袍角。而朱元璋每在出战之前,也总得用手抚摸两下白天鹅的羽毛再去出战。

这一天,曙光耀映军营,朱元璋正在披衣起床,马氏夫人告诉他,昨夜做了一个奇梦,梦见天鹅开口讲话,说是它的伴侣寻到这里,要告辞离去。为了感谢救命之恩,特献上一颗珠子,要是遇有急事,只要手握珠子,大叫三声"天鹅,天鹅,天鹅"就是了。朱元璋一听,便说:"如果真有此事,就让它双双飞走吧!"

第二天,在太阳快要下山的时候,夫妇俩带着白天鹅来到湖岸边。天鹅一到岸边,"扑通"一声,跃入湖中,时而用翅击水,时而潜水觅食。眨眼间,这天鹅两翅一拍,飞了回来,对着天空,一声高叫。朱元璋夫妇见此情景,感到惊奇,抬头朝天空一望,只见一群白天鹅飞过鄱阳湖的上空。鹅群中的一只天鹅飞落下来,站立在这天鹅的身旁。两只天鹅对着他夫妇俩,咯咯呱呱,一阵长鸣。随即,口里吐出一颗亮晶晶的珠子后,双双飞走了。

朱元璋夫妇凝视着那双双远去的白天鹅,若有所思,心头久久不能平静,暗自祝愿它俩比翼齐飞,永不分离。

这时,夕阳西下,月出东山。一轮圆圆的明月,倒映湖心,真的是月光如水,湖光如银。朱元璋心想,中秋正是月团圆、人欢聚的佳节,便对马氏夫人说:"战士们在军营,一面严阵防守,一面就地欢度中秋佳节。我们不如去湖上赏一赏这一轮大明月,也好趁节日的月夜,打探打探陈友谅的军情。"马氏夫人忙摇头劝阻:"不可!陈友谅的军队也很可能会趁这节日,神出鬼没。要是万一相遇,后患无穷。"朱元璋略思一阵:"不带侍从,只带渔网,扮着渔民夫妇,在湖上打鱼。"

湖上,月如银盘,水平如镜。朱元璋夫妇俩驾起小船,畅游在水天的银河间。马氏夫人取出又圆又香的月饼,送到朱元璋手中。朱元璋接过月饼,乐滋滋地说:"银色的湖面,倒映天空的明月,的确是水面天心啊!天心有助于我,打败陈友谅指日可待了!"

朱元璋夫妇观赏这月夜的水面天心,觉得湖光宜人,心情格外怡然。霎时,有一只船只从远处驶来。马氏夫人一看,那船来势汹汹,忙说:"我们快转舵回头!"朱元璋紧接着说:"这是陈军的巡哨船,不能回头,只能前进!"

哨船上发出吼喝声:"什么船?"

朱元璋答道:"放钩的!"

这哨船划近一看,果真是渔民夫妇,便说:"想你们是打鱼的,要不然,见到我陈军的兵船是不敢大摇大摆划过来的。"

哨船远去,朱元璋捧起手中的月饼,对着水天的明月,哈哈大笑起来……

哨船回营,把在湖中发现了一只打鱼船的事,禀报陈友谅。陈友谅听罢,怒斥道:"愚蠢,愚蠢,哪有这么大胆的渔民,定是朱元璋乔装打扮。"马上命令水军,分路出击。

朱元璋眼见陈友谅的战船四面围来,才知自己过于大意。此时,陈友谅的水军步步逼来,真的是千钧一发的时刻,不容许有半点迟疑。马氏夫人见此情景,就急忙说道:"主帅,快拿出珠子来,大叫三声天鹅试试吧!"语音一落,朱元璋高喊:"天鹅!天鹅!天鹅!"

果然,一对洁白的天鹅从空中飞下,立在船头。朱元璋夫妇连忙骑上鹅背,一瞬间,飞回了军营。

刘基军师早已料到主帅的到来,带兵在营前迎接。朱元璋一见刘基就问:"你太失算了,为何不派兵援救?"刘基答道:"我正算到主帅要在此刻到来,不然,我怎么排阵迎接呢?"

朱元璋听了,满心欢喜,说:"这真是天意呀!天助我,必得胜利。"刘基说:"主帅洪福齐天,天心所向,民心所归,仁爱自得天下。"

"好!好!"朱元璋连连点头,命人取出纸笔,铺纸挥毫,"唰唰唰"写下了"水面天心"四个大字,并雕刻在岸边高高的岩石上。

据说,从此以后,这四个大字,白天,飘出香气,引来百鸟飞绕,啁啾鸣唱;晚间,发出亮光,照得千帆来往,平安航行。

御封大鼋"定江王"

刘　铨

鄱阳湖西北部有座老爷庙。庙的正厅里有一尊大头鼋塑像,大头鼋抬着头,凝视着鄱阳湖。塑像后树立着一块一丈多高、三尺多宽的石碑,碑上有"威震鄱湖定江王"七个大金字。来往船只一到这里,都得备上香烛鞭炮,向鼋将军定江王祈祷平安!

传说朱元璋大战鄱阳湖,在康郎山一仗失利后,坐着小船向鄱阳湖口的老爷庙方向隐退。陈友谅率领战船,随后紧追不放。眼看要追到老爷庙边,忽然,船的前方有个像小船一样的大头鼋浮出水面,拦住去路。陈友谅命令侍卫对着大头鼋猛发一箭,大头鼋躲过恶箭,转眼下沉。它钻到陈友谅的乘船底下,紧紧贴住船底不放。这样一来,陈友谅的船前不能进,后不能退,只能死死地待在湖中。陈友谅以为是大船搁浅了,忙吩咐水手用竹篙猛撑,谁知战船在湖中像生了根一样,一动也不动。眼看朱元璋的小船又渐渐远去,这生擒朱元璋的大好时机将要错过,陈友谅心中十分焦急,便举起令旗一挥:"炮轰!"这一炮正好打在朱元璋的船尾,朱元璋的小船顿时燃起大火,漏水下沉。在这万分危急的时刻,大头鼋翻波逐浪,向朱元璋的船迅游过去。朱元璋便双脚一蹬,跳到大头鼋的背上。大头鼋迅速张开四足,踏波排浪,一下子游到了老爷庙边。

陈友谅眼巴巴望着朱元璋逃去,悲叹道:"这不是我的失策,而是神灵有意相助朱元璋!"这时,左右的人见陈友谅愁眉不展,就献计说:"大王,这是鄱阳湖里的大头鼋,是老爷庙里的鼋将军显灵,不如去庙里烧香朝拜,祈求它助上一战。"陈友谅一听,气愤地说道:"我是鄱阳湖上的大王,怎容孽种与我为难?我要拆毁它的庙宇,叫它无处安身!"

大头鼋深知陈友谅不仁不义,决意要为朱元璋助战到底,于是变作一个道人,来到朱元璋的帐前。朱元璋连忙起身施礼,问道:"仙师来此有何见教?"大头鼋说:"陈友谅要拆毁庙宇,活擒将军,引得天怒神怨,我愿助你一臂之力,打败陈友谅。"朱元璋一听,喜从天降,忙说:"仙师有何妙计?"道人说:"请将军随我来。"

朱元璋随道人来到湖边,只见道人"扑通"跳入水中,化作一只大头鼋。大头鼋一点头,不多一会儿,只见千百只大头鼋聚游过来,黑压压摆满了一片湖面,拥着那只领头的大头鼋,一齐向陈友谅的战船冲去。陈友谅见如此一大群大头鼋涌来,心中有些惊慌。忽然,只听得船底嗡嗡作响,继而船底穿了洞,湖水涌进船舱,帅船在下沉。陈友谅脸色变了,赶快命人放下救命木排,飞快逃命。待他逃出去回头一看,只见他的战船一艘艘全沉入水中,将士们纷纷跳水逃命,又被大头鼋一口一个吃进肚里。陈友谅惨败了,朱元璋平安地渡过了一场大难。

后来,朱元璋做了皇帝,重修了老爷庙,赐封"鼋将军"为"定江王"。

斗笠蓑衣满湖兵

罗 文

鄱阳湖南部的余干县境内,有座康山,从前叫康郎山,是鄱阳湖中的一条水路交通要道,民间有"鄱湖行船,康山为岸"的俗语。元朝末年,朱元璋与陈友谅大战鄱阳十八年,第一个大仗就是在这里打的。

陈友谅自从中了朱元璋江东桥诈降之计后,下决心要与朱元璋决一死战。他重新打了大战船,带着六十万人马,从水路攻打南昌。朱元璋得到消息,就统领精兵从南京赶到江西来救援,结果两军在康郎山相遇,就交战起来了。

陈友谅的战船又高又大,连成一片。朱元璋用的都是小战船,两军一交战,朱元璋这边的船就被分片包围了,连朱元璋自己坐的帅船也被围得紧紧的。朱元璋指挥兵将横冲直撞,还是没有办法突围,最后他打算与陈友谅拼个鱼死网破。可是船上的兵将死的死,伤的伤,剩下的也精疲力竭了,不管朱元璋如何拼命指挥,也抵挡不住陈友谅的进攻。这时,朱元璋实在没有办法,只见他从船舱中钻出来,挺身站在船头,对着陈友谅的战船大声喊着:"陈友谅听着,为了百姓免遭涂炭,我让你去称霸吧!"说完,朱元璋"扑通"一声跳到湖里去了,湖水冒出一阵泡泡,就没有了声息。

陈友谅见朱元璋已跳湖自尽,心里无比高兴,也不再战,就命令收兵回师。他掉转船头,行不多远,突然发现身后的芦苇丛里有一只小船,在急速向前划去,船上坐着两个身穿官服的人。陈友谅一想,知道定是上当了,立即又向那小船追去。

原来，那小船上坐的正是朱元璋和军师刘伯温。刚才跳湖的朱元璋是个假的，他是朱元璋部下的一员大将，名叫韩成。韩成为了保主脱险，与朱元璋换了穿戴，舍了自己的性命。

朱元璋见陈友谅又追赶上来，心中慌乱，唯恐难逃此劫。军师刘伯温沉着应对，忙叫船夫把船往芦苇里划。小船轻巧，在芦苇里穿梭一样前进，很快驶进南岸洲的港汊，一会儿就不见了。陈友谅的大船不能进入湖洲港汊，便令小船继续追赶，越追越近，就是不肯放过。

穷追到草洲深处时，是无边的茂草丛，朱元璋不见了踪影。就在陈友谅茫然四顾时，突然，一声声呼喊响彻草洲，那草丛中突然冒出一个个兵勇，头戴斗笠，身穿蓑衣，手握镰刀，呼啦啦、齐刷刷从四面八方向陈友谅他们冲过来。

陈友谅一时惊呆了，这是哪里冒出来的怪兵？只见斗笠蓑衣不见人？那手握的是什么兵器？从来都没见过。正在陈友谅心神不定时，突然又听得一排土铳冲天震响，反面又走出一群穿着白衣、头上飘着白带的人马来，前面有人举着幡旗领路，后有七八个手执棍棒的人紧随，中间还有八个人高高地抬着一具大圆木筒，呼喊着号令，向陈友谅而来。陈友谅大惊失色，只听得士兵们在鬼哭狼嚎：不好了！我们遇上神兵了，全是从草丛里冒出来的呀！我们被神兵包围了。陈友谅早已是大汗淋漓，这身穿蓑衣的怪兵、那一排震天动地的响铳，还有那八人抬的大炮，要是打过来，那还不全军覆没在茫茫草洲上了？他便仓皇鸣锣收兵，退出了鄱阳湖。

原来，朱元璋被追得无路可走时，刘伯温急忙带他躲进了草洲港汊，正好看到一群都昌农民在草洲上打湖草，便计上心来，后又看见一队送葬出殡的人来洲头丧葬，便又得一计，两计合一，组成了一个斗笠蓑衣满湖兵的阵营，让陈友谅的将士们吓得魂飞魄散，狼狈退逃。

朱元璋登基后，在面向草洲的柴棚湖嘴上建了忠臣庙，也叫王爷庙。赐封鄱阳湖上的南岸洲为都昌人世代打湖草的草洲。

113

鸬鹚取鱼无划界

刘章高

康郎山大战，朱元璋失利，险些丢了性命，是一伙在南岸洲打湖草的都昌人和一伙送葬的队伍救了他一命。之后，他听了军师刘伯温的意见，退守在猪婆山一带休养生息，只图重整旗鼓，再振军威，要在鄱阳湖与陈友谅决一雌雄，奠定事业，以求平定天下。

猪婆山东依周溪三山、四山，西近永修松门山，北面是都昌大沙、和合的广阔土地，守有左右靠山，退有大后方，攻有广阔湖面，是个难攻易守的战略要地。然而，人算还要有天意，朱元璋当天子的劫数还未尽。就在他刚退到猪婆山立足未稳时，陈友谅的数百水师又从康郎山追杀过来，兵临三山、四山，还在穷追不舍。

这天黄昏，刘伯温到三山、四山前沿视察军情，正遇一条条放鸬鹚的渔船回港，便计上心来。他把真情告诉了放鸬鹚的渔民，并如此这般说了一个办法。渔民们听说是朱元璋遇难，加上对陈友谅的不仁不义十分敌视，都愿助力救主。霎时，各条渔船上烧起了大火把，士兵一齐大声呼号，把船上的鸬鹚一只一只全都赶得飞下水去。

陈友谅正追得起劲，忽然发现前面湖上呼声震天，火光通明，模模糊糊中，水面上黑压压全是眼凶嘴钩、身穿毛衣的骁悍鱼鹰。每条船上都有挥舞长勾杆的士兵在指挥这些鱼鹰一会儿沉入水中，一会儿浮在水面，张开勾嘴，嘎嘎地嗷叫,像是要啄人似的。这一场景吓得陈友谅的士兵惊呼:大帅,我们遇上了从来都没见过的飞毛水兵啦!我们中埋伏了!陈友谅见满湖尽是黑毛鱼鹰,早已大惊失色,急忙下令退兵,又缩回了康郎山。

等朱元璋回过神来,陈友谅的水师早已逃得无影无踪,只见满湖尽是鸬鹚船。鸬鹚从水下啄出鱼来,船主人用长钩取鱼入舱。朱元璋知道,是放鸬鹚的渔民和满湖的鸬鹚鱼鹰救了他一命。

朱元璋做了皇帝,就赏赐鸬鹚船"逢山取柴,遇水取鱼"的特权。所以后来,鸬鹚船撑到哪里,哪里就有"三日客港",可以任意放鸬鹚取鱼,当地人不得拒绝驱赶。这就是湖边人说的"鸬鹚取鱼无划界"。

霸业传奇在高塘

卢家军

元朝末年,朱元璋列阵鄱阳湖康郎山迎战陈友谅。但见朱元璋部战舰百艘,艨艟千只,朱字大旗迎风猎猎,刀枪剑戟银光闪闪;陈友谅部桅楼高耸,舰船无数,帅字大旗高悬楼头,陈友谅盔甲严整,端坐中央。霎时,杀声四起,流矢火炮大作,直杀得烽烟蔽日,湖水变色。不料,朱元璋首舰数中炮火,已是水涌火起,眼见已无胜算,他长叹一声,气急昏厥,落入湖中。

正当朱元璋生命垂危之际,忽然乌云密布,夜色朦胧,风向一转,大火吹向了敌阵。但见水中数只似兽非兽的水族,衔手、顶脚、托头将朱元璋浮于水面。

情急之中，士兵们急忙救起主公，乘便船离去。

朱元璋退兵在都昌大港高塘休整。这一天，他在帐外踱步叹息，多少年，他困厄漂泊，几近穷途，如今又兵败鄱阳湖，心中十分懊恨。难道时乖运舛，大器别属，到了尽头？朱元璋少年时代孤苦飘零，衣食不济，吃尽了人间苦难，却养成了弃世恶俗、桀骜不驯的秉性。据传，一日傍晚，他放牛回来，饥寒交迫，便邀来他的穷伙伴常遇春、胡大海等，烹食财主的牛，偷来财主的酒，一夜饕餮大宴，几近天明。酒后，朱元璋仰天大叫：苍天何不借我一个大鹏展翅的时辰？随即，他用雨伞枕头，四肢展开，仰八叉倒在草洲上睡着了。说来也怪，天放亮时，霞光万道，常遇春和胡大海看到了一个惊天景象：伸开双臂、叉开双腿睡在草洲上的朱元璋，连着枕头的一把雨伞正好结成了一个"天"字，而"天"字下面一大群蚂蚁结成了一个"子"字，"天子"二字突然降临在朱元璋身上。常遇春、胡大海急忙将朱元璋唤醒，朱元璋看后不禁暗笑：世事沉浮，又能怎样？朱元璋生就不服输不认命的性格，他想：苦其心志，劳其筋骨，饿其体肤，空乏其身，是天将降大任之祥兆，何愁之有？于是，他继续砥砺前行。他要建立攻防有据的军事基地。他最看好的就是武山山脉都昌北端崇山峻岭中的高塘。这里茂林修竹，峰回路转，泉水甘洌，山花烂漫。更难得的是高山出平地，群峰围一岙。其间约有百亩之广，便于屯兵。于是朱元璋设大帐于此，又亲手栽种两株银杏于入口处，暗喻"赢讯"之意，为将士们树立必胜信心。

"崇山峻岭是为高，池深且阔是为塘"，这便是高塘的由来。这里北控长江，东可鞭笞江淮蛮夷，北可驱驰荆楚大地，南临物产丰饶的鄱阳湖，真是不可多得的兵家要地。朱元璋便在此整饬部伍，厉兵秣马，筑高墙，广积粮；贯穿四十八道港，深入武山腹地，西出湖口；修筑盘山驿道，俗称"二十四道狗脚弯"，连接彭都；又在高塘的外围丘陵山冈，修碉堡，垒石块，挖壕沟，为日后的霸业做好充分准备。

　　大业成就后,朱元璋率领群臣再次来到高塘的主峰——龙王尖。他极目眺望:鄱阳湖似聚宝盆,渔帆点点,波光粼粼;长江似练,回环飘逸,透迤天际;近处山峦起伏,气势磅礴,如入仙境。洪武大帝豪情满怀,感慨系之,便指点江山,捭阖大势,旨曰:"着小孤山控扼江流,三十年河东,四十年河西。三十年河东泽被徽州帝乡;四十年河西丰盈彭蠡,漕运天下。"他又令昌江、修河改道,不得径流长江,并五水入湖,成就天下第一湖,涵养大地,顺便万民。他对刘伯温说:"朕践祚以来,常感念这一方水土,这一方百姓,着减免税赋三十年,匡庐屏湖四十里;钟灵毓秀高塘别开洞天,鄱湖水面都昌三有其一。"稍后又道,"社稷甫定,要与民休息。嗣后,这里的贡品不可靡费,仅石鸡、石鱼、石耳足已。"至此,山川响应,风调雨顺,物产丰阜。

　　随后,洪武帝亲往湖中祭拜,酒水果品摆放整齐,伴驾臣僚分列两边。他说:"酒酹湖面平,环宇天地新,请恩公现身,以慰悬望。"言罢,只见前方不远处果有一排灰白色脊背露出水面,时隐时现。朱元璋欣然拜谢,并赐恩公国姓,又曰:"躬身救主,向背可知。"尔后,人们便将这种水族称作"江朱(猪)",而江猪颇通圣意,只向观者"现身、向背",而不见首尾。

其实,高塘起始并无村寨民居。朱元璋登基后,撤去大帐,仅留一游击将军驻守。这人姓方名舒,后来朱棣反下朝廷,方舒誓死不从,遣散部众,隐居山林,改姓游氏。他暗藏本姓,渔猎为生,繁衍生息在高山大壑之间,这便是高塘一带游姓的始祖。

如今,当年朱元璋亲手种的两棵银杏胸围数尺,荫蔽十亩,果实累累,质量上乘,成为高塘自然村厚重而又神奇的重要标志。

洪武得贤江府湾

刘章高

不少人都说:"明朝的军师刘伯温,熟知五百年前,善算五百年后,朱洪武立帝,全靠军师神机妙算。"相传,这个神师刘伯温还是在江西都昌被招贤的。

那时,朱元璋和陈友谅大战鄱阳湖。陈友谅兵多将广,朱元璋起兵微薄,因此,陈友谅来势非常凶猛。有一天,两军厮杀了三天三夜,从鄱阳湖康山一直杀到都昌江府湾。两军只杀得天昏地暗,血染湖滩,那朱元璋的兵马倒下一大片,尸首堵得河里的水都不流。朱元璋惊恐万状,六神无主,眼看就要束手就擒,情况十分危急!突然,从山上飞来一队人马,冲入敌阵,横砍直刺,把陈友谅的兵马杀得人仰马翻,晕头转向。这支飞军也不恋战,护着朱元璋就走。

朱元璋被救到了江府湾,神魂还没定,就连忙问:"救驾恩将,你是何人?"只见前前后后拥出十八勇士,"嗖"地翻身下马,叩首回答:"俺乃本地十八学生矣。"朱元璋一震:"啊!学生?师……师从何人?"勇士们手一指,告诉他:"刘伯温先生便是。"朱元璋一听,顿时惊喜无比,水也来不及喝一口,就跟十八学生向山下学堂急急走去。

且说刘伯温当时年近五旬,文韬武略,天文地理,无所不通。由于屡受朝廷贬谪,他就在乡间隐居了下来,平日不出。他在这里收留了十八个学生,认真训教。白天练武,夜晚习文,所教学生一个个文武双全,骁勇非常。江府湾的老老幼幼,凡大小事无不问过刘先生。每年每季,凡是照刘先生吩咐的去做,就样样满收。连续几年,江府湾是谷子涨破了仓,十年也不荒。就在去年,芋头又获大丰收,家家户户没处放。大家都去问先生,先生皱眉,说道:"好吧,把它全部煮熟。""煮熟?那不是更难经管吗?"村民都被他搞糊涂了。先生又说:"呃,煮哇,都去煮!"大家觉得以往照先生的话做总不错,就真的把芋头全煮熟了。煮好后,又来问先生:"先生,这许多熟芋头,该如何收拾呀?"先生哈哈大笑,说:"好!大家都去把各自的鼓壁擦洗干净,芋头糊上壁!""这……这样收藏啊?"村民从来没听过,但还是回去照办了。可是,把所有的堂前和墙壁都糊满了,芋头还没动一小半。大家又来问先生,先生说:"糊,还要糊!干一层糊一层,糊上加糊。"村民搞不清这是什么戏法,又依样糊了一层又一层。家家户户一色的"芋头壁",足有半寸多厚。这一搞,当真不好收拾了。

第二年五月,江府湾新谷刚刚开始转黄,先生突然像发了疯似的拼命催大家动手割禾。村里人都不肯割,说:"季节还差得远嘞,嫩谷没收成。"可是先生说:"今年的谷不同,现在割,收成顶好,一定要割!"村民想:割就割吧,说不定先生又有什么新戏法哩。再者,就算今年割青了也不要紧,反正仓里有的是粮。大家就真的把青禾全部割了。割倒后,先生吩咐:"不要打,全部堆起来,谷朝内,蔸朝外,堆起来就是了。"村民又照样做了。

没过几天,朱元璋和陈友谅的大兵打到这里。朱元璋已经连日苦战,人困马乏,决心在这里背水一战,扭转乾坤,哪想到又吃了败仗。在滚水泡团鱼的危急关头,幸得刘伯温的学生搭救,兵将才绝处逢生,安落江府湾。

朱元璋随十八学生上了山,刘伯温早就站在山头相迎。两人一见面,就像早就相识的好友。刘伯温躬身下拜,说:"明主驾到,有失远迎,请恕罪!"朱元璋赶快双手扶起,非常激动,说:"恩师平身,受本帅一拜!"两人随即快步下山了。

再说这朱元璋一路兵将,虽然人困马乏,打了败仗,但是军纪还是相当严明的,千百号人马,进了村不动老百姓的一点东西。江府湾的男女老少,看见这么多官兵到了,吓得魂不附体,一概去问先生如何发落。正在这时,刘伯温陪着朱元璋来到村前。刘伯温神情镇静,对村民讲:"各位父老乡亲,今天官兵到此,乃我江山有幸!圣主驾到,不用害怕,各户开门迎兵,芋饼可作兵将之餐,嫩谷好供战马之粮,一时不便造饭,诸位将士尽可自请,以此接驾!"讲完,又深深作揖,请朱元璋下令。

这时,朱元璋感激得不知说什么好。他看到这禾谷沤了之后,一抖就落,又嫩又鲜,战马一匹匹吃得摇头摆尾。芋头饼只要在野火上一烘就可以吃,又快又香,非常欢喜。他一把抱住刘伯温,说:"神师!您如何断得本帅路过此地,万事俱备?"刘伯温只是低头回答了一句:"在下不过识点天文地理,略懂戎马之术,早料圣军必经此地,于是布置待临,请莫嫌弃!"朱元璋听了,喜从天降,说:"好!眼下正是贤才难得,本帅要成就大业,正缺左右,望神师不辞辛苦,为黎民百姓担起军师重任,运筹帷幄,缔造乾坤!"朱元璋诚心,刘伯温再三推辞不脱,便带了文武双全的十八学生,一同归随了朱元璋。

从此,朱元璋重用军师刘伯温的计谋,连战连胜。不几年,就统一了江山,开创了明王朝。江府湾也被御封为"官粮世家"。

张伍投军献兵书

易昌明

元朝末年,在鄱阳湖边的都昌县城外,住着一个后生名叫张伍,张伍生得壮壮实实,不仅有一身好气力,还练得一身好武艺。张伍是个孝子,每天天不亮就上南山去砍柴,换得油、米供养老母亲。

南山就在鄱阳湖沿岸,它与县城虽说只隔着一道湖湾,可那山上竹木丛生,鸟兽群聚,却很少有人往来。只说有一天,张伍荡着小船又到南山来砍柴。天刚蒙蒙亮,他就捆好了一担扎扎实实的柴,按照往日的习惯,到这时候他得要填填肚子,然后再把柴弄到街上去卖。于是他就从树枝上取下自己的点心包,打开一看,里面包的是一堆烂树叶子。张伍好奇怪,这点心天天都是老娘包好的,怎么会变成了烂树叶呢?定是村里那些哥弟们有意捉弄我,看我回去不跟他们算账才怪呢!他只好饿着肚子去把柴卖了。

回到村里,他拿了一支练功用的藤棍,找来同村的那些哥弟们,每人给了两棍子,打得大家糊里糊涂地跪下求饶。可是他一问,谁都说没有动过他的点心包。这是怎么一回事呢?难道是娘老糊涂了,把做柴烧的树叶包在点心包里了?第二天一早,张伍亲自把点心包好又上了南山,等他砍完柴回来吃点心时,那包自己包好的点心又成了一包树叶。他到处一望,又没看见一个人影,结果又是饿着肚子去卖柴。

第三天,张伍上山后照旧把点心包挂在一根树枝上,他也不砍柴,躲在附近的草丛中盯着。过了一会儿,太阳将要起山了,突然从树林中闪出一只老猿猴,偷偷地来到点心包前,伸出前爪就去抓点心包。张伍看得真切,大喝一声,操起扁担就向猴子狠狠地打过去。谁知那老猴很是机灵,没等张伍的扁担落下,它早已提着点心包跃上了树梢,接着,像荡秋千一样向树林中逃跑。张伍好不气愤,紧追不放。老猴三跳两跳,把张伍引到树林深处,就坐在树枝上一动也不动了。张伍赶到,又是一扁担打下去,只见一道白光,那猿猴已不见了,从树上掉下两件东西来。张伍细看,是一把宝剑和一本书,正要去捡,忽听得从空中传来说话的声音:"张伍,张伍你听着,我是南山老猴精,宝剑一把赠给你,兵书传于刘伯温,文武共保新主立,扭转乾坤得太平。"张伍听完,四处观望,却不见猴精在哪里。

  张伍把宝剑和兵书悄悄带回家,再细想猴精说的话,定是有意密授天机,现在,正是天翻地覆、战事大起之时,朱元璋与陈友谅正大战鄱阳湖,争夺天下,是天意,要他去投军保立新主。可是,他身边有老娘亲,怎能走得开呢?他翻看了一下兵书,里面的字句半点也不懂,就把它藏起来了。老娘似乎明白了儿子要身担重任,便告诫说:"吾儿不必因老娘而误了你的大事。放心去吧。"张伍拜别了老母,带着宝剑和兵书,驾起小船沿鄱阳湖各州、县到处寻找刘伯温。后来打听到刘伯温就在洪州大营,便找到洪州。刘伯温见了兵书,十分高兴,领着张伍来到朱元璋的大帅行宫。朱元璋见张伍留下孤母一人,带着宝剑、兵书来从军,很是赏识,封张伍为先锋副将,并令其将老母接来洪州安顿。张伍回乡接来了母亲,并领着家乡的众哥们一起投奔了朱元璋。在出生入死的战斗中,张伍屡建奇功。

晒袍演兵朱袍山

詹玉新

在鄱阳湖中有一座长形孤岛,岛的西端山峦矗立,山嘴直插湖中,很像猪头俯首饮水;东端是群丘相伴,像是一群猪崽拱随在猪婆周身。因为孤岛像猪婆猪崽,故曰"猪婆山"。

元末至正二十三年(公元1363年)五月,朱元璋与陈友谅在康郎山展开了鄱阳湖上第一场大战,朱军大败,向洪都方向撤退,陈友谅挥师穷追不舍。朱元璋残部退至南岸洲时,幸好遇到了二十多艘湖草船和两三百打湖草的都昌农民,以刘伯温的"斗笠蓑衣满湖兵"的疑兵阵,将紧追不放的陈友谅水师吓退了。为了阻挡陈友谅兵逼洪都,朱元璋收拾残部,挥师占领了鄱阳湖水上要道猪婆山。

猪婆山是古彭蠡泽南北湖的分界处,东扼饶河、信河二水,西连松门、斧劈崖两山,南临八百里鄱阳湖,北倚二三两都为屏障,不仅是兵家必争之地,还是鄱阳湖上打鱼人的歇脚渔港和给养站。东上西下、南来北往于鄱阳湖上的各种渔船在这里收网过宿,避风待汛;浮梁茶叶、昌南瓷器在这里过船发散;就连强山、康郎山的湖匪也得在这里闯关出湖。朱元璋占得此军事要地,为日后决胜鄱阳湖占得了地利。

那天,朱元璋的部伍船队偃旗息鼓,溃疲狼藉,在十几艘都昌湖草船的掩护下,终于在猪婆山泊船歇马。山上八户常住村民和几十位在这里晒网过宿、避风待汛的渔民听说是朱元璋的队伍落败来到猪婆山,倾山出动,在湖岸边恭候迎接,将他们迎下战船,帮他们搭帐篷,扎水寨,帮他们安顿歇息。猪婆山人特别拥戴朱元璋,特地在村后的丛林中摆开了四五十桌地席鱼宴,为朱元璋和将士们压惊洗尘。将士们席地而坐,大块大块地吃猪婆山人的河水煮河鱼,大口大口地喝猪婆山的银鱼藕粉汤,大碗大碗地畅饮猪婆山的水酒。特别是最后上席的红烧河蚌肉,让将士们吃得齿腭生津,赞不绝口。各家各户的村民和渔船上的渔民们还拿来了红薯、地瓜、蔬菜、腌肉、干鱼、干虾及粟米、藕粉、冬笋等,送到朱军帐下。这让朱元璋十分感动,士兵们也陡然精神焕发,士气倍增。

第二天,猪婆山的山岭上、岸滩边,到处晒满了士兵们的头盔、裹腿、护甲战袍,漫山遍野光耀闪闪,一派士气重振的恢宏场面。朱元璋在刘伯温、常遇春、胡大海的陪同下巡视了猪婆山全岛,当即龙颜大喜,运筹初定,决心在这里安营扎寨,养精蓄锐,重整旗鼓,寻找战机,以图复仇。从此,猪婆山成了朱元璋和将士们休养生息的大本营,成了军需粮草的补给站,朱军可以一心一意地操练演兵,待日飞舟湖疆,再次杀向康郎山。

一时,猪婆山上旌旗猎猎,营帐星罗棋布;湖中樯桅林立,水寨森严壁垒。朱元璋的士兵们斗志昂扬,在常遇春、胡大海的带领下,在船头上练刀枪,拼搏厮杀,在水中练擒拿格斗,一个个如龙似虎,汗流浃背。整个山岛鼓角相闻,杀声震天。每天,练兵场上如火如荼的时候,朱元璋都要在刘伯温的陪护下,跃马登上猪婆山的紫竹峰,在这里驻马观看操练,指点摆兵布阵,提振士气。两个多月从未间断,紫竹峰上都留下许多深深的马蹄印。

再说这段时间,陈友谅在康郎山行营中整日烦躁不安。那回大战,朱元璋差点命断康郎山,幸好被打湖草的斗笠蓑衣兵救了性命。如今,听说朱元璋残部在猪婆山集结,占据要地,重整旗鼓,要东山再起,这让他心急如焚。他想趁朱元璋立足未稳,偷袭猪婆山,将他赶出鄱阳湖。因为他斩除朱元璋心切,所以,他亲自指挥二十多艘战船,十万兵勇,出康郎山,过猪光湖,直闯饶河口。

饶河口紧靠猪婆山,是鄱阳湖上的一道险关,民谚说:"饶河口,水壁陡,四面鬼在叫"。不是常在鄱阳湖上闯荡的船工,是轻易闯不过饶河口的。朱元璋听说陈友谅战船疯狂来袭,早已由刘伯温定下计谋,在饶河口湖面严阵以待。

陈友谅没有听从部下三十六将绕道饶河口的劝谏,一路直奔而来。他在饶河口上段四面一看,湖面上有十几片白帆在航行,二十多只渔船在放钩,却不见一艘朱元璋的战船,只隐隐听见猪婆山方向一阵阵操练演兵的呐喊。陈友谅心中窃喜,以为朱元璋还蒙在鼓里。他当即指挥打先锋的战船率先冲向饶河口。不料,五六艘战船一进入饶河口,便被两三米高的落差急流冲得晕头转向,转眼间,便被湍急的漩涡掀翻,沉入了湖底。陈友谅一看,倒吸了一口冷气:果真是"四面鬼在叫"!急忙令帅船掉头,指挥后续战船撤退。可是晚了,原先看见的湖面上那十几艘航行的帆船和二十多条渔船已经四面合围包抄过来,船上全是手执刀枪剑戟的将士,万箭齐发,鱼镖如雨,杀得陈军鬼哭狼嚎,晕头转向。突如其来的伏击和急流直下的饶河水将陈友谅的十几艘战船逼进了饶河口,成千上万的汉军兵勇成了千古冤魂。

一支毒箭射中了陈友谅的后颅,他险些倒下,被身边的众御卫救上一条舢板,顺流而下,往鄱阳湖口逃命而去。他的贴身三十六员大将除战死的以外,其余的全部跳湖尽了一个"忠"字。

这一仗,朱元璋不仅雪了康郎山大败之耻,还打下了霸业天下之基。朱元璋称帝后,将那件当年在猪婆山晒过的战袍赏赐给猪婆山人,"朱袍山"由此而得名。

第五章 水珍稀禽的传说

红眼银鱼

潘沐林

鄱阳湖后河颈的湖湾中,有一种红眼睛鱼。它通体雪白,形如玉簪,头部两侧有一双血红欲滴的眼睛,如红宝石一样,闪耀着亮晶晶的光。

传说春秋时期,鄱阳湖被称作彭蠡泽,是属于楚国的地方。有一年,楚国和吴国不和,吴王阖闾率领大军和楚昭王打起来,在彭蠡泽大败楚国的舟师。吴王高兴极了,坐着金碧辉煌的帅船游览浩瀚的彭蠡泽。

一天,阖闾的帅船来到了都昌后河颈。这里山清水秀,风景优美,阖闾看得兴致高涨。突然,他对随侍在身旁的大夫伯嚭说:"爱卿,此彭蠡泽无奇不有,无味不鲜,孤想吃尽其中的奇珍美味,你看行吗?"伯嚭谄媚一笑,说:"现在彭蠡已属大王所有,只要一声令下,我看就连龙肝都会送到大王面前。"阖闾听了,不禁喜上眉梢,哈哈大笑,当即命每条渔船贡献一味湖中珍味。

这样一来,沿湖的渔民可就遭了殃。湖中的名产大都在风大、水深、浪急的地方,不少人为了捕捞贡品葬身水中。吴王阖闾不惜千百人的性命,换来湖中不少的珍稀水产,饱享了口福。可吃来吃去,他还不满足,觉得这些湖产没有什么特别新奇的味道,便烦躁地催促伯嚭再想办法。

这下,伯嚭急得抓耳挠腮,彭蠡泽中究竟有些什么天下绝有的东西呢?伯嚭这个奸臣还真有点奸计,他想:"要问湖中事,还得打鱼人。"于是派出兵将四处寻找彭蠡泽中的老渔人。

就在紧靠后河颈的莲花岗上,住着父女二人。老人名叫科公,在彭蠡泽中打了四十多年鱼。科公熟悉湖中的每种鱼、每种虾,是个远近闻名的顶尖的打鱼师傅。他只有一个名叫水花的女儿。水花年方二九,像个水做的人儿,清秀得出奇。

这几日,科公身患疾病,不能下湖,他听到许多渔民兄弟为捞贡品葬身鱼腹的消息,气得在床上放声大骂:"阖闾这个暴君,胡作非为,一定不得好死!"这骂声恰被闯上岗来探听情况的伯嚭听到了。伯嚭便急忙带领兵丁,闯进了科公的家门。

"老家伙!你好大的胆子,敢辱骂大王,知道这该当什么罪吗?"

科公两眼喷火:"知道!要杀要剐随你们的便!"

伯嚭忍住气,狞笑着说:"老家伙,只要你把彭蠡泽中的天下绝产献给吴王,我可以不杀你,不剐你,还保你荣华富贵。"说着,就指使兵丁把科公从床上拖起来就走,一时间,科公就昏迷过去了。

伯嚭一伙拖着科公正要下岗,正好碰上回家的水花。她一见重病的老父被拖着走,急得大哭,紧紧抱住不放。

伯嚭一抬眼,看见这个生得水灵灵的漂亮的姑娘,顿时心花怒开,暗想:吴王是最喜欢美女的,若把这个姑娘献给吴王,岂不又能得到一笔厚厚的奖赏。于是他走上前,假惺惺地劝道:"姑娘,是吴王要你爹去湖中捞贡品的,我可是君命难违呀!这样吧,吴王一向仁德宽厚,你还是随我一道去见他,想必吴王会允准你的请求。"

纯真无邪的水花为了解除父亲的危难,只好去到阖闾的帅船。阖闾一见水花,馋得直流口水。他理也不理水花的恳求,对伯嚭说:"美女我也要,湖鲜我也要。让这个姑娘留下陪伴孤家,叫那个老头子下湖捕捞吧!"

伯嚭回去对科公传话说:"老家伙,快下湖去吧,等捞来上等贡品,吴王马上放你的女儿回来。不然,吴王就杀掉你女儿。"女儿是科公的心头肉,他只好硬撑着身子,顶着狂风抱病下湖去了。水花被押在阖闾的帅船上,远望湖中,只见老爹划着小渔船,摇摇晃晃地向湖心划去,不禁痛彻心扉,向着湖中凄厉地高喊着:"爹,你下不得湖哇!"

这时,科公的渔船已到湖心。"无风三尺浪,有风浪三丈"的彭蠡泽,把小船当作一片树叶抛掷着。科公已晕倒在船板上。他自知已无生还的指望,尽全力抬起身子,眼含热泪,最后回头留恋地望了一眼,在一阵狂风的席卷下,沉入了水中。

水花看见老爹落水,顿时晕倒了。吴王阖闾在帅船上看到科公船翻人亡了,他发狠地说:"孤家尝不到彭蠡泽中的绝产,却要玩玩泽畔的美女。"昏迷的水花醒来之后,心如箭穿。她抬起泪眼,望着这个杀父仇人,红肿的双眼竟像要炸裂开来。她正想扑上前去,但猛然一看吴王身旁的数百名士兵,想着自己一个弱女子,硬拼是不行的,还得寻机报仇才是。她心血一涌,便有了一条计策,走上前硬着心肠对阖闾说:"大王,老父已死,我也只有依靠大王了。但做女儿的总还得尽点孝心,请大王准我祭老父亲三天,三天后我再到你的身边。"阖闾看这神情,知道硬逼不行,便说:"好,就这么定,美人,三天之后我在船上等你。"

水花回到莲花岗,摆上祭品,点上香烛,对湖祭奠父亲。她整日跪在地上米不粘牙、水不入喉地啼哭,直哭得喉咙嘶哑,两眼滴血。

三天很快过去了。这天清晨,乡亲们纷纷往莲花岗上涌去,他们都要送一送水花姑娘。大家来到莲花岗时,只见水花姑娘身穿一件雪白的孝衣站在岗头,两眼血红,一根雪亮的银簪插在发辫中。她默默地对众乡亲施了一个礼,然后一步一颤向阖闾的船走去。

阖闾好不耐烦地等到了这天。天不亮,他就破天荒地从龙床上爬了起来,吩咐张灯结彩,准备美酒佳肴,迎接美人的到来。

不一会儿,水花姑娘像一朵白云飘上了阖闾的船头。阖闾高兴得手舞足蹈,口里说着:"美人,可等到你了!"脚下摇摇晃晃地向水花扑去。当扑到跟前,阖闾一下愣住了。只见在灿灿朝霞的映照下,水花柳眉斜竖,喷血的两眼闪烁着复仇的怒火。突然,她从头上拔下锋利的银簪,向阖闾当胸直刺过去。阖闾慌忙躲闪,被水花一簪刺中左肩,惨叫一声倒了下去。水花想挥簪再刺,后面的护卫已挺着明晃晃的宝剑围了上来。水花从容地把簪插回头上,转身一跃,跳入滚滚的彭蠡泽。

吴王气得脸色铁青,咆哮起来:"把她的尸体捞上来,给我剁成肉酱。"卫士们下湖横摸竖捞,也找不到水花的踪迹。结果却捞上了一种奇怪的鱼,它长约一寸,浑身银白,两眼血红。阖闾一看,觉得这是彭蠡泽中的银鱼,立即吩咐烹炒给他吃。厨子烹炒好了端上来,只见盘中闪烁着许多晶亮的红点,好像点点星火,阖闾喜得不得了,提起筷子夹了一条,恶狠狠地吞进口中。谁知,鱼一入口,就变得奇硬无比,像一根簪横刺在喉咙中,吞不下,吐不出,痛得阖闾"哇哇"直叫。急得伯嚭又是请医,又是求神,一直奈何不得。那银鱼卡在阖闾喉中二十二天后,把阖闾作难得骨瘦如柴,直到吐出一口口污血,那条银鱼也被吐入湖中。那条银鱼也怪,一入水又复活了,自由自在地游走了。阖闾气得干瞪眼,只好拖着病恹恹的身子,垂头丧气地出了彭蠡泽,顺江而下回了姑苏。

从此,鄱阳湖中就有了极为名贵的红眼睛银鱼。凡是善良的人们打捞起来,不论烹、炒、煮、烧,其味都鲜美无比;要是恶人打捞起来,它就无滋无味,扎口刺喉。

大孝乌鱼

雷 鞭

古时候,鄱阳湖北面有个乌家嘴,住着一户姓乌的母子。乌子对娘非常孝顺。

乌母身得重病,几年不起。乌子烧汤煎药,夜以继日地服侍着老母。

有一回,乌母想吃猪肉,要儿子下湖去打鱼,换点猪肉回家。乌子拿起渔网,来到湖上,不料突然刮起大风,无法张网,只好空手回家。

黑夜,乌子听得母亲在说梦话:"儿啊,快弄些肉来哟,娘喝上一点汤,病也许会好起来呀!"乌子一阵心酸,泪水似珠子般落下,忙又拿起网,要连夜下湖打鱼。可打开大门一看,大风依然在刮,怎么办呢?乌子想了想,便拿了一把刀,咬牙在自己身上割下一块肉,并忍痛煮了一碗肉汤,双手捧到床前,叫醒母亲,一匙一匙喂入母口。乌母喝到口中,连声说:"这汤真好!"并问儿子肉是哪里弄来的。乌子怕露真相,谎称是从大户人家乞求来的。乌母想,深更半夜,到哪里去乞求呢?莫非儿子做出了品行不端之事?她将乌子拉在床沿上,要问个详细。乌子怕痛,不敢坐。乌母看出破绽,便一再追问,乌子不得不流泪说出真相。

乌母听了,禁不住心酸落泪,抱着乌子痛哭。天亮时,乌子渐渐昏睡。乌母想:我卧床数年,全仗孩子敬奉汤药。如今家贫如洗,孩子竟割肉孝我,我……怎忍心连累孩子吃苦!想着,便挣扎起床,给乌子盖上被窝,拄着木杖,打开大门,走向湖边,投湖自尽了。

乌子醒来,不见母亲,心中一惊。他哭着寻到湖边,见湖心浮着母亲的手杖,知道母亲已自尽,忍不住悲怆地叫了一声:"亲娘,等等我!"随即也投湖而死了。

此后,湖内出现了乌鱼。人们说,这是乌家母子变化的。不信,且看幼小的乌鱼子,只要一见乌鱼肚中饥饿,便自动钻入母鱼口中,殉身孝母。至今,人们还称乌鱼为孝鱼哩!

玉儿针工鱼

潘沐林

从前,鄱阳湖畔有位聪明美丽的渔家姑娘,名叫玉儿。玉儿自小看到渔人衣衫褴褛,冬不禁寒,夏不遮体,便立志求仙学艺,要为渔人缝纫宝衣。

一天,玉儿来到南山,见仙人石上坐着一位老尼,污手垢脚,满面油泥,在身上捉虱,手上还玩弄着一根金针。那金针光彩夺目,像是仙家之宝,便上前施礼道:"师傅在上,弟子有礼!"不料,这老尼嫌玉儿打扰了她,朝玉儿唾了一口浓痰,不偏不斜,正好唾在玉儿的鼻梁上。玉儿一不吭声,二不拭擦,反而跪在老尼面前。老尼这才笑了笑,问:"你要求我什么?"玉儿再拜说:"求仙师赐我仙术。"老尼又问:"你是要荣华富贵,还是要一生辛苦呢?"玉儿说:"弟子只要渔人身上不受寒热,宁愿一生辛苦。"老尼点头称赞说:"如此甚好,我赐你一根金针吧。"

从此,玉儿有了金针,很快便学会了缝纫技艺。她缝纫出来的衣服,无风也飘舞,黑夜也放光。渔人们穿了,夏日凉爽,冬日温暖,大家都不再挨冻受暑了。

消息传到了京城,皇帝要玉儿进京,专门为他缝纫皇衣龙袍。

这日,玉儿正在家中替渔人缝纫衣服,忽见钦差大臣捧来圣旨。玉儿对大臣说:"烦大人回禀圣上,就说小女子生在鄱阳湖,长在鄱阳湖,一日不可不喝鄱阳湖水,实在很难遵从圣命。"大臣知道难以强求,只好连夜上京回旨。皇帝一心要玉儿缝衣,又命人抬了四箱金银财宝,赶到玉儿家中。玉儿又对大臣说:

"小女子生为鄱阳湖上渔人而生,死为鄱阳湖上渔人而死。烦大人再复圣上,就说小女子宁要鄱阳湖上的风和浪,不要金银财宝装满箱!"大臣又连夜转奏皇上,皇帝便赐封玉儿为缝纫大师,并特许她带父母进京,并造大师府。大臣将封诰送到了玉儿家里,玉儿却说:"我住惯了鄱阳湖边渔人棚,不愿住用百姓血汗筑成的大师府!我吃惯了鄱阳湖边的自产粮,不愿吃百姓的汗和血!我做惯了鄱阳湖上渔人衣,不愿为你们缝纫绸和缎!"这样一来,玉儿可把大臣激怒了。他向皇上奏了一本,皇上大发雷霆,降旨说:"玉儿愿上京来则罢,不来则就地斩首!"大臣遵旨,心下便生出一条毒计。

一天傍晚,湖上划来一只渔船,走下一男一女,他们衣衫褴褛,来到玉儿面前大哭,说他们夫妻是鄱阳湖东岸的渔民,因家中有八旬老母,无衣遮身,求玉儿上户缝衣。玉儿心软,连夜收拾金针与银剪,随着这对男女,一同上船,朝鄱阳湖东岸划去。划着划着,湖面突然驶来一条官船,向渔船靠拢,那男女便停桨说道:"缝纫大师,我家大人有请。"玉儿大吃一惊,知已中计,急忙掏出金针,往湖中抛去,大声说:"我宁死湖中,也决不上官船!"说完,纵身投入湖中。

玉儿投湖后,被她师傅老尼带去成仙了。留下的那枚金针变成了针工鱼,它世世代代在为渔民缝纫数百里鄱阳湖上的波浪,让渔民冬天下到波浪之中,便觉温暖;夏天下到波浪之中,便觉凉爽。这浩瀚的波浪就是玉儿为渔人缝纫的最大宝衣。

鲁班刨花鱼

刘章高

鄱阳湖上的都昌县盛产一种特别的鱼,这种鱼白色,又薄又轻,形如凤尾、翠羽,像木工师傅刨出的刨花,故称"刨花鱼",也叫"凤尾鱼",与鄱阳湖的银鱼、针工鱼合称"鄱湖三珍"。

都昌人说,"刨花鱼"是鲁班信手将一把刨花抛在湖里变成的。

相传,隋朝末年,上天玉皇指定,鄱阳湖北面的北庙湖是龙城宝地,要出真龙天子,已经在四周连山为城,在北庙湖边建造皇宫殿堂,并指派鲁班领着上百的建筑工匠日夜大兴土木。可是,隋末的皇帝害怕改朝换代,暗地里派了一个叫法眼的地仙去刁难作梗,不让种地的给粮,不让种菜给菜,处处与这批工匠作对。鲁班是大师,对付的秘法多得很,他将锯出的木屑撒到地上,满地便是金灿灿的谷子;他将刨出的刨花抛到湖里,满湖尽是白花花的鱼儿。转眼间,工匠们的饭菜都不愁了,工期加快了,皇宫的四根龙柱都竖起来了。

法眼地仙着急了,施了个小妖法,让鲁班抛出的刨花浮在水面上不下沉,变不了鱼,工匠们又没菜下饭了。鲁班心生一计,从湖滩上抓了几把沙子朝浮着的刨花抛去,刨花被沙子压着,沉到了水里又变成了白花花的鱼。法眼地仙干瞪眼,夹着尾巴溜走了。

后来,法眼地仙向玉皇告了刁状,北庙湖造皇宫的事半途而废。鲁班大师木屑变谷粮的秘法被收回了,只留下了刨花变鱼。都昌人感恩鲁班,将这种稀珍鱼叫"鲁班刨花鱼"。

从此,每到秋风渐起、水落老港时,便到了刨花鱼大丰收的季节,无数只渔船在湖上拖着渔网,一网上来,便是数百上千斤白晶晶的刨花鱼,湖洲,滩头,到处都晒满了刨花鱼。

相传,"鲁班刨花鱼"上贡到皇宫,尤得皇后和妃子们喜爱,因此刨花鱼又叫"凤尾鱼"。

柳叶游发鱼

刘章高

在都昌人的餐桌上,经常有一种身长三四寸,形如柳叶,或被煎得金黄,或被粘了面粉炸成粉鱼条,香脆爽口,味道鲜美。这就是游发鱼,都昌土名孱鱼。

相传,游发鱼是罗隐先生用柳树叶变的。

一天下午,在鄱阳湖一个湖汊边上,有小夫妻俩正在栽田。在快要栽完的时候,有个先生路过这里,看他俩栽田的功夫不错,人也累了,有意让他俩歇会儿,就说:"小哥,小妹,上来一起歇会儿吧!"那夫妻俩说:"先生,这阵子没空,等栽完了田再歇吧。"先生说:"还是歇会儿吧,工夫长似命,慢慢做吧。"夫妻俩说:"就剩一点点田了,等栽完了歇。"先生笑嘻嘻地说:"我看你俩今天就栽不完,不信就试试。"两个年轻人当然不肯信,埋着头一心栽禾。

哪晓得这位先生就是罗隐,他是天子口,说话金口银牙。他随手摘了一把柳树叶,对着柳叶吹了一口气,把柳树叶放到池塘里,柳叶立刻变成许多活鱼,三四寸长,形如柳叶,随塘水而下,很快就游到夫妻俩那块没栽完的田里。夫妻俩看见满田都是鱼,好高兴,丢下禾不栽,一心捉鱼,一直捉到天快黑了。结果,鱼是捉了两串,可那已经栽好的禾苗也被夫妻俩踩得乱七八糟了。那块田还剩下一截没有栽完。

夫妻俩回到家里,欢欢喜喜烧火煎鱼,煎得满屋飘香。这时,罗隐先生走进屋来,取笑道:"小哥小妹,我说你们那块田今天栽不完吧。"夫妻俩说:"没关系,明天接着栽。先生,一道尝尝我俩捉的鱼吧。"罗隐笑着说:"你们煎的不是鱼,是柳树叶。"他的话刚说完,锅里煎得好好的鱼全变成了柳树叶。

夫妻俩目瞪口呆。罗隐笑了,说:"你们田里的鱼是我喝令柳树叶变化出来的。要真想吃这柳树叶一样的鱼,明天到湖边去捞吧。"

罗隐先生走了。昨天,夫妻俩在田里没捉干净的鱼,随流而下,游到湖里,真的变成了"游发鱼"。

耍骗的鳊鱼

雷 鞭

古时候的鳊鱼也是圆身子大肚皮,只是它贪图私利,耍诡计骗人,才在赣江上游被夹扁了。

据说有一回,鳊鱼在鄱阳湖口上戏水,忽然看见河豚急急忙忙从长江跑来,便问:"河豚老弟,你怎跑得这么急?"河豚说:"昨夜我看见了一位白发苍苍的神仙,对我说:'我是赣江老人,有一批金银财宝,要送给你们圆身子大肚皮的鱼类。你们谁能先过狭港,到赣江上游找到我,我便送给谁'。"

贪心的鳊鱼听了,可高兴啦!尾巴一摆,便想跟河豚赛跑。可一想自己身圆肚大,比河豚还笨,不一定跑得过它,于是心生一计,忙堆着假笑说:"老弟,你听错了。昨夜我也见了那位神仙,他是说,我们谁先过了夹口,上了黄港,他的财宝就给谁。"愚蠢的河豚一听此言,以为自己记错了,便摆动身子过夹口,直奔鄱阳县的黄港。

鳊鱼骗了河豚,便不慌不忙游向吴城河,一直进入赣江,没几天便到了狭港。狭港实在很狭,它尖着头直往上挤,整整挤了几天几夜,终于挤过了狭港。它高高兴兴找着赣江老人,要老人给它金银财宝。可赣江老人却说:"我的金银财宝不能给你!"鳊鱼忙问为什么,老人说:"你的身体不是圆的!"鳊鱼不信,忙游在清波里照了照,不由大吃一惊:它的头被狭港夹小了,身子被夹扁了!从此,它就成了头小身扁的"扁鱼""骗鱼",又叫"鳊鱼"。

江猪与白鳍

陈印昌

江猪与白鳍是鄱阳湖里那种似鱼非鱼的东西。每逢湖上有风雨,江猪就会成群结队浮出水面,一拱一跳,像在寻找什么,渔民都说这是"江猪拜风"。白鳍却总是沉在湖底深水里,很少浮上来,好像生怕被人看见。江猪为什么拜风?白鳍为什么躲在水底?据说他们是一对父女变成的,其中有一段悲惨的故事。

很久以前,鄱阳湖上有一对年轻夫妻,男的叫江珠,女的叫朱玉。夫妻俩在湖上打鱼为生,恩恩爱爱,生了个如花似玉的女儿,日子过得美美满满。

女儿七岁那年,已长得像母亲一样漂亮好看,父母又疼又爱。就在女儿七岁生日那天，江珠夫妇给孩子戴上了朱玉亲手绣的花荷包，花荷包里装着护身符，这是一个用七根绣针扣在一块黄绫上的观音钱。这个观音钱是江珠夫妇化了七七四十九次缘在观音庙讨来的，他们指望这个护身符能保佑女儿长命百岁，添福添寿。为了庆贺女儿戴护身符过生日，江珠又提了一篮大活鱼去赶集，打算给女儿买回新衣和吃食。

江珠做梦也没想到，他这一去，天上落下一场大祸来。就在江珠上岸赶集不久，几个官兵到湖边买鱼，看见小船上只有朱玉母女二人，便心生歹念，借买鱼为名，上船调戏朱玉。朱玉抵死不认，搂着女儿苦苦挣扎，这几个官兵色胆包天，抢过朱玉怀里的女儿把她扔在舱里，七手八脚抬起朱玉就跑。可怜七岁的女儿爬起又跌倒，跟在后头哭娘娘不应，哭爹爹不见。等到江珠回来时，只剩下一条空船在湖里飘飘荡荡。

江珠心里急得像火烧，操起一把鱼刀，跳上岸去，四方八面叫着朱玉和女儿。喉咙叫哑了，眼泪哭干了，人也像是疯了。他找了三日三夜也没有找到老婆和女儿，一急一忧，昏倒在路上。幸好被几个认得他的渔民发现了，渔民把他抬回船上，小心服侍，江珠才保住了命。从此，这个老实巴交的打鱼人变成了另一个人。他把渔船卖了，在别人的大货船上当舵工，吃喝嫖赌，样样都来，只想糊糊涂涂打发这一生，早日回阴间和老婆、女儿团圆。

其实江珠的女儿并没死。那天她跟在那群夺走她母亲的官兵后面追喊，一直追到一座小山边，绊了石头跌一跤，昏了过去。醒来后，她沿着一条小路一边叫爹娘，一边跌跌撞撞往前跑，终于在河边的草丛里发现了被官兵杀死的母亲。她扑在娘身上哭着叫娘，可是娘再也不会应她了，再也不会给她梳头了，再也不会把她抱在怀里哄她睡觉了。她哭倦了，就依在娘怀里睡着了。结果被一个过路人发现，这个坏了良心的东西几十两银子把她卖进了烟花院。

日起日落，月圆月缺，江珠浑浑噩噩，一晃就过了十年，四十多岁，还在嫖赌逍遥。这一日，他随船来到湖边一个镇上，在馆子里吃了八九成醉，一摇三晃就找花街柳巷,一找就找到了当地最有名的"白玉楼"。江珠一进门,就要名片上价钱最高的白琦陪夜,这一夜他就住在白琦房里。

第二天天亮,江珠醒了,这才仔仔细细看了白琦一番。一看之下,不觉大吃一惊,这姑娘长得委实像自己的妻子朱玉,便忍不住问起白琦的身世。白琦诉说了十年前父亲赶集、母亲被害、自己被卖的苦情,并从箱里拿出一个绣花荷包给江珠,说这是母亲在她七岁生日那天给她的。江珠一接过绣花荷包,就像五雷轰顶,头也昏了,眼也花了,身上抖个不停。天哪!这个荷包是朱玉绣的,面前这个姑娘就是自己的亲生女儿!白琦见江珠失魂落魄,捏着那绣花包痛哭的样子,心里明白了,自己面前的就是失散了十年的父亲。她又羞又恨,蒙着脸就往门外湖边跑,江珠连忙追出去。刚追到湖边,白琦叫了一声"天哪!"就扑进了湖里。江珠眼见女儿跳湖,心里悔得刀割一样痛,"扑通"一声跌在地上叫着"白琦!白琦",他一边叫一边磕头。这时候,湖上乌云陡暗,湖里大浪翻腾,他看见白琦的尸身在水上漂来浮去,心里一阵痛,也"扑通"一声扑进了湖里。江珠一扑下湖,白琦的尸身就沉入了水底,江珠还一扑一扑,到处追寻女儿的尸首。

后来,观音娘娘见这对父女冤情太苦,便把他们变成了水族,后世人便把它们叫作"江猪""白鳍"。白鳍恼恨人间太恶太狠,总是沉在水底不露面;江猪只要一见天暗云起,就会浮出水面,还想找女儿的尸首,因此便有了"江猪拜风"的故事。

玉 蚌 含 珠

罗水生

鄱阳湖内盛产蚌,蚌育出来的珍珠,滴溜滚圆,晶莹剔透,好像人的眼泪一样,如果将它放在口中,还真有点像泪水一样的咸味。

在很早很早的时候,住在东海里的老龙王生有三个女儿。最小的一个名叫玉蚌,她性格温柔,心地善良,龙宫内那么多珍珠宝贝,她从不往头上戴一件,素衣淡妆,犹如一株晶莹剔透的玉梨树,老龙王特别喜欢她。

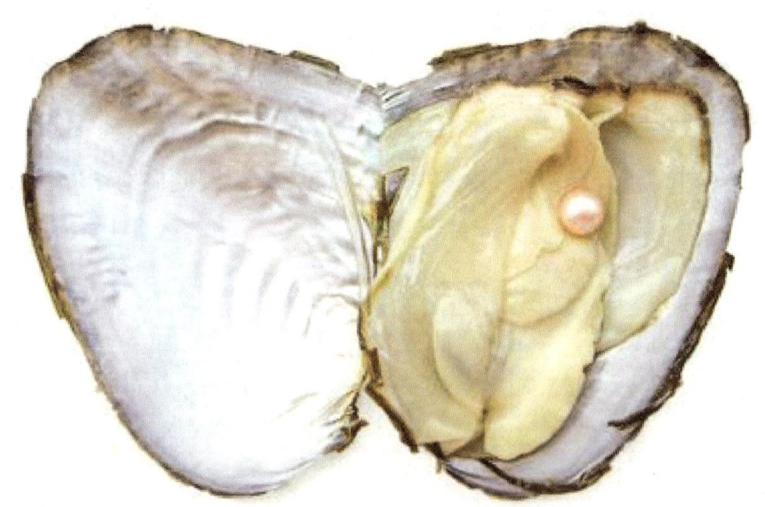

眼看玉蚌公主已长大成人,老龙王对她说:"儿啊!你该有一块封地啦。天下的江河湖泊你拣好的要一处吧!"玉蚌想了想,就说要到鄱阳湖去。因为那里只有鱼,没有蚌,她要去那里繁衍一代蚌来。老龙王应允了,并要玉蚌多带点小蚌一同前往。就这样,玉蚌公主没向父亲要一样珠宝,带着一群小蚌来到了鄱阳湖。

这鄱阳湖果然是个好地方,风景秀丽,气候温暖。玉蚌她们无忧无虑地在湖内游玩戏水。一天,她们玩得有些烦闷,便一齐变成一群村姑离湖上岸,来到了一座玉皇宫前。玉蚌和小蚌们进入宫内,只见金装玉饰的玉皇大帝神像前,进香上供的人不多,大都面黄肌瘦,满面忧愁,桌上摆着的供品也不丰盛。玉蚌公主想:百姓对玉帝为何如此冷淡?是年景不好,还是奉心不诚?她心中十分不快。

玉蚌公主带着小蚌回到湖内龙宫,招来水族兵将,要查明情况。不料,一条鲤鱼精见状,心怀鬼胎,上前说:"湖主来此不久,不甚了解,这鄱湖一带是鱼米之乡,年年丰收有余。这班刁民纯属故意轻视玉帝,我看必须予以惩罚,不然,刁民今后就越发放肆了。"玉蚌公主心中不忍,犹豫不决。鲤鱼精又说:"如果湖主不奏明玉帝,我们担当不起呀!"玉蚌公主终因年幼,没有主见,就照办了。

不久,玉帝降下旨意:鄱阳湖周围三百里大旱三年。从此,湖区便滴雨不落,不久,河干田裂,禾麦枯死。这样一来,不仅百姓更苦了,连湖沿河汊中的黄鳝和泥鳅也遭了祸灾,它们纷纷跑进龙宫,向玉蚌公主诉说大旱之下,百姓遭灾,不少水族受苦的实情。玉蚌公主一听,心神不定,又带着小蚌们化作村姑第二次上岸去看究竟。

她们来到湖岸,不由得都大吃一惊。往日的青山秀水不见了,山头光秃,湖水浑浊,田地里禾苗不生,只剩一片干枯的焦土。路上到处可见堆堆白骨,还有一些饿急了的人在争吃死人肉。玉蚌公主不忍再往前走。

玉蚌痛心起来,悔恨不该听信鲤鱼精的话,上奏玉皇,致使老百姓遭受灾难。她和小蚌们商量,决意要救助百姓出苦难,甘冒受责罚的风险,去向玉帝诉说灾情,请求结束湖区的大旱,立即普降甘霖,以救苍生。

不料,奏本上去后,玉帝降旨,斥责玉蚌公主出尔反尔,作难天庭,念她年幼,饶恕一次,下不为例。鄱阳湖周围"大旱三年"已成天意,不可挽回。

玉蚌公主接旨后,如雷轰顶,顿时昏迷过去。众小蚌也似滚汤浇心,不知有何法子可救活百姓。玉蚌公主醒转过来后,眼睛忽然一亮,说道:"我有救活百姓的法子了!"众小蚌齐声问道:"公主,快说说,有什么好法子?"玉蚌公主用亲切的目光对小蚌一一扫视后,说道:"是我造成了百姓的灾难,我愿割身上的肉献给沿湖百姓渡过饥荒,以赎自己的罪过。"小蚌们一听,深为玉蚌公主舍己救生灵的精神所感动,都毫不犹豫地说:"公主一人的肉能救活多少人呢?我们愿和公主一起割肉献给百姓。"

第二天,天刚麻麻亮。沿湖大小村庄中,一群身背两扇玉壳的少女簇拥着一个极其美丽的姑娘,来到一户户人家门前,用刀割下自己身上的肉,把肉放在各家各户的门前。天大亮后,饿得有气无力的人们发现自家门口都摆放着可以度过一日的鲜嫩的蚌肉,纷纷用颤抖的双手捧着,想不透是怎么一回事。一天的饥饿解除了,百姓们高兴得不知怎么才好。从此,每天清晨,湖区的百姓打开家门,都能捧起蚌肉,度过一天。人们奔走相告,不再忧愁了。哭声没有了,笑容又回到了人们的脸上。

百姓得救了,玉蚌公主和小蚌们却日益瘦弱下来。尽管割肉后她们能使血肉再生,但是元气还是大大损耗了。然而,她们忍受着揪心的剐肉之痛,照旧每天清晨往湖区各家各户奉送蚌肉。湖区的百姓对此十分感激,却一直没有发现这到底是怎么回事。

这天天亮前,湖区的百姓早早起床,暗地里守候在自己的家门前,只见一个娇小美丽的姑娘带着一群瘦弱的小姑娘来到村中,一个个将自己身上最好的肉剐下来,分头送到各家各户的门口后,又悄悄离去。百姓们涌出门,尾随那群姑娘追出村去。追到湖岸边,那群姑娘忽然不见了,只见满地的大蚌小蚌昏死在湖滩上。玉白色的大壳敞开着,壳内鲜血淋漓,筋肉模糊,蚌体不停地颤抖。男女老少再也忍不住了,双手捧起一只只蚌壳,放声大哭,泪水一滴滴地滴在蚌壳内。说也奇怪,那蚌体的伤口沾了人的泪水,又迅速地愈合了,蚌肉长得更加鲜嫩。泪珠在蚌壳内凝结成了一粒粒的珠子,晶莹透亮。

玉蚌她们剐肉救生的事情真相大白了,湖区的百姓一齐跪拜在地,感激天恩。玉帝大为震动,立即降旨免去大旱,老龙王从东海赶来,亲自布云施雨。玉蚌公主和小蚌一齐合上蚌壳,现出了仙身。

从这以后,鄱阳湖里的蚌都含育着珍珠。

天 鹅 仙 子

詹玉新

相传在很久以前,每年的农历八月十五,常有一群天鹅仙女来到鄱阳湖洗浴。她们在黎明之前到达这里,然后化身为一群美丽的白天鹅,从日出到日落,成群结队在湖中游泳、嬉戏、梳洗,一直到太阳落山晚霞映照时才离开湖泊。

有一年的八月十五日傍晚,一个叫黑鱼鳅的渔娃子来湖上收网,突然,他隐隐约约听见有女孩子的声音从湖中传来,他越向收网的湖中心划船那声音越近。黑鱼鳅定睛一看,始终没有看见人影,只见一群可爱的白天鹅在泛着金色波浪的湖面上随波荡漾。

这时,太阳快落山了,黑鱼鳅却看得十分痴迷,冷不防连人带网落入水中,他想爬上船,不料渔网将他双脚缠住了,使他无法动弹。他拼命挣扎、呼喊,无奈整个身子还是慢慢地沉入湖中。

就在黑鱼鳅绝望的时候,他忽然感觉到有一个声音甜美、身影漂亮的女孩从水中冒了出来,她将黑鱼鳅托出湖面,送到了湖边的草地上。黑鱼鳅从昏迷中悠悠醒来时,已经是黄昏时分。他清晰地记得自己落水获救的情形,想找那个姑娘表示感谢,可是,湖边的草地上除了空气中弥漫的芳香外什么也没有。

黑鱼鳅回到村里,逢人就说他在湖上遇险得救的经过,说他的命是被一群湖上的仙女搭救的。但是,村里的大人小孩听了都哈哈大笑,笑他疯癫,笑他痴呆,说他黑鱼鳅身高不足五尺,脸像黑沱沱,一身黑不溜秋,怎么会有湖上仙女救他一条命呢?村里人都认为黑鱼鳅是痴人说梦话。

黑鱼鳅气不过,天天到湖边去撒网、收网,日复一日地盼望着能再看见那群湖上仙女。可是,黑鱼鳅再也没见着那群游荡在湖面上的白天鹅,再也没有见到那个把他托出水面、送他到湖边草洲上的湖上仙女。然而,黑鱼鳅是一个执着的人,他相信自己没有说谎,也不是做梦。他依然每天在湖边守候,不停地寻找着救他一命的白天鹅。

这一天,黑鱼鳅又来到湖边收渔网,突然,那熟悉的声音又响起来了。他朝湖中望去,一群白色的天鹅在湖中央自由自在地嬉戏,甜美的叫声不停地飘来。顿时,黑鱼鳅真的疯狂了,他挥着手纵情地呼喊着,追着白天鹅奔跑。这时,黑鱼鳅看见一只天鹅离开鹅群朝他游来,那只天鹅游到岸边时,忽然变成一个身着白色衣裳的美丽姑娘站在黑鱼鳅面前。她的脸像桃花,眼睛像早晨绿草上晶莹的露珠,笑容像一道朝霞。

天鹅姑娘本是观音菩萨身边的侍女,每年都要来彭蠡泽给菩萨的净瓶里盛水。因为鄱阳湖的湖光山色实在太美,所以她们玩耍得舍不得离去。那次搭救黑鱼鳅是一次天造的机遇。今日相见,天鹅姑娘是被黑鱼鳅的真诚和执着深深感动，所以再次来到鄱阳湖上。因为仙人与凡人是不能见面的，天鹅姑娘怕被人发现，天机泄漏，所以等到天黑才与黑鱼鳅偷偷相见。

天鹅姑娘依偎在黑鱼鳅身边，情意绵绵。黑鱼鳅仿佛沉睡在梦中，心里异常兴奋，嗓子却发不了声。天鹅姑娘依依惜别，说明年八月十五日她再来鄱阳湖汲水，那时再相会。这时，湖心的白天鹅们已从湖中翩翩起飞，一片片白色的长裙在空中飘扬，天鹅姑娘追赶着她们，很快就飞远了。

第二年八月十五，黑鱼鳅早早来到了湖边。天快亮的时候，一群白天鹅从天空中飞下，亭亭玉立般地落在鄱阳湖的水草地上。黑鱼鳅看见那只他最心爱的白天鹅正深情款款地向他走来。突然，芦苇丛中一声土铳响了，有一只白天鹅被击中了，倒在水草地上，发出声声凄惨的哀鸣，扑腾了几下后，雪白的躯体躺在水草中。黑鱼鳅不敢相信自己的眼睛，扑上前，抱起被猎杀的白天鹅，号啕大哭。

因为他泄露了天鹅仙女们的行踪，让凶残的刽子手杀死了他心爱的天鹅仙子，他痛心疾首，一头撞死在湖边的一块大石上。那一年，天一滴雨都没下，鄱阳湖湖水干涸了，一座黑黝黝的石山孤零零在矗立在湖心。人们说，那座黑色孤山是黑鱼鳅变的，他在赎罪，在守望白天鹅，在控诉残忍的杀害。

那座山叫"乌嘴头"，就在鄱阳湖北端大汈池的岸边。

白鹤倚长坡

陈印昌

很早以前,鄱阳湖有一个名叫胡生的年轻渔民。胡生的父母早年丧命,胡生全靠老祖母抚养成人。老祖母由于生活所累,一直体弱多病,近些日子,病情更是严重,整日昏昏沉沉。

这天,老祖母顿觉清醒一些,就告诉胡生说,想喝点鲜鱼汤。胡生一听,兴冲冲拿起渔网,去到湖上捕鱼。一连捕了几十网,网网都是空的。他有些丧气,但想到病中的老祖母,还是鼓起劲,又继续抛下了一网。这一网没捞着鱼,倒捞起了一只很大的绿毛乌龟。胡生心想：这绿毛乌龟是鄱阳湖里的稀有之物，听老人们说，龟寿千年，吃了这绿毛乌龟的肉，一定可以长寿。于是，胡生把绿毛乌龟抱回了家，生起火，把它放在锅内煮起来，煮了老大一阵工夫，打开锅盖一看，水仍然是冰凉冰凉的，绿毛乌龟还好好地活在锅里。胡生很惊奇，连忙把这事告诉老祖母。老祖母在床上坐了起来，说："胡生，快捉来我瞧瞧！"

谁知，绿毛乌龟一来到老祖母的床前，就伸出头开口说话："老婆婆，请放我回鄱阳湖里去吧！"老祖母也感到奇怪，正想问个根由，绿毛乌龟又开口说："我是鄱阳湖里修炼了九百九十九年的绿毛乌龟。今天游出洞穴，在湖中戏水，你家的渔网把我网住了！"

老祖母听罢，立即对胡生说："胡生，这是神龟，我们不能伤害它，快放回湖中。你老祖母病死，也不忍心吃它的肉哇！"

胡生是位憨实的小伙子，听老祖母这么一说，便急匆匆抱起绿毛乌龟去到湖边，并诚恳地说："绿毛乌龟，望你快快修炼成仙！"绿毛乌龟感激心地善良的祖孙俩，并告诉胡生："要想治好老祖母的病，非得去天上取来王母娘娘蟠桃园里的蟠桃。那蟠桃三千年开花，三千年结果，现在正桃红果熟了。"胡生说："仙家之物，凡人能取到手吗？！"

绿毛乌龟说："看守蟠桃园的是我相熟的好友鹤姑，我带你去求讨一个。"说着，叫胡生坐在它的背上，腾云驾雾，一直飞到了蟠桃园边。

这时，鹤姑正在桃园上空飞来飞去，巡视桃园。绿毛乌龟把胡生藏在桃林深处，低声地说道："等到黄昏时分，鹤姑到瑶池里洗澡，你就取过她头上的红纱巾，她没红纱巾，就不能飞了。到时候见机行事，求她送你一个蟠桃！"

不多一会儿，鹤姑解下头上的红纱巾，把红纱巾放在桃树下，到瑶池里洗起澡来。胡生悄悄地拿走了红纱巾，转身又躲进了桃林。

鹤姑洗完澡，不见红纱巾，真的不能飞了，心里一阵焦急。正要寻找，胡生忙从桃林中捧出红纱巾,迎上前说:"鹤姑,红纱巾在这里呀!"鹤姑定睛一看,是位俊俏的年轻后生,羞得满脸通红,半响,才说道:"你这后生,好不讲礼,为什么偷走我的红纱巾?"胡生说:"我要是偷,就不会送还给你啦!"

"那你做什么?"

"求你相送一个蟠桃,给我的老祖母治病!"

鹤姑心头一沉,露出为难的神色,便说:"不行,要是王母知道,是要治罪的!"这时,绿毛乌龟走了过来,说:"鹤姑,是我指点他前来找你的。为了搭救人命,还是发发善心吧!"鹤姑听绿毛乌龟这么一说,朝天空抬头一望,回转身,飞快地摘下一个又红又大的蟠桃递给胡生。胡生感激不尽,再三拜谢,随后坐上绿毛乌龟的背脊,返回鄱阳湖了。

不说老祖母吃下蟠桃重病全好了,且说那鹤姑不怕王母娘娘治罪,使胡生十分敬爱。这天夜里,他吃罢晚饭,坐在船头上,仰着头,瞪着眼,望着天空发呆。

这时,天空有一片异云,光映湖中,胡生见了,很觉奇怪。他心想,这很可能是一块祥云,便站起身,朝空一拜。这时,"忽"地一下,面前飘下一个人来,好像是头围红纱巾的鹤姑。胡生还以为是做梦。鹤姑见胡生惊奇,忙取下头上的红纱巾,开口说道:"认识么?我是送蟠桃的鹤姑。"

胡生惊喜异常,忙说:"鹤姑,我正在思念你呢,你就永远生活在这里吧。八百里鄱阳湖胜过天上的瑶池!"胡生的这番知心话,也正是鹤姑所想的。鹤姑在送过蟠桃后,对胡生起了思凡的念头。于是,她壮着胆子,向王母娘娘哀求,让她下凡游玩一天。王母娘娘体谅鹤姑看守桃园的辛劳,也就准许她下凡一天。鹤姑在湖洲上找到了胡生,情深难了,二人便结下了姻缘。

王母娘娘知道鹤姑私配凡人,想永远留在人间的事情后,怒气大发,吩咐天兵天将捉拿鹤姑。

这天黄昏,胡生和鹤姑打鱼归来,渔船靠岸,胡生收拾船舱中的鲜血,鹤姑生起炉火煮晚饭。突然,天空中乌云滚滚,湖面上黑浪滔滔,渔船在浪涛中颠簸。鹤姑走出船舱,站在船头一望,心里明白了几分,转而对胡生说:"大事不好,天兵天将要来捉拿我了!"说着,哭成一团。不一会儿,王母娘娘派出的天兵天将来到后,抛出一根长长的金锁链,把鹤姑锁住,拖往北海,经受那冰天雪地之苦。

胡生失去了心爱的鹤姑,心如刀割,哭得死去活来。深夜,他走下渔船,登上湖岸,仰头望望闪闪的北斗星,低头看看茫茫的鄱阳湖水,哭哇哭,哭倒在湖岸上,迷迷糊糊地睡去了。

胡生刚一睡着,梦见绿毛乌龟来到身边,说:"胡生,鹤姑有救了!"

胡生一听,从梦中惊醒过来,睁开双眼,果真绿毛乌龟来到面前,立即磕头一拜:"请问,真的能救吗?"

绿毛乌龟说:"不过,要想救出鹤姑,可不是一件轻而易举的事。"

胡生说:"就是上刀山下火海,我也要把鹤姑救出来!"

绿毛乌龟听了,心中也暗自高兴,知道胡生想救鹤姑是一片诚心,便从口中吐出一颗宝珠和一瓶仙水,告诉胡生:"你把这宝珠护在胸前,就能去北海。见了鹤姑,就用仙水瓶内的杨枝,把仙水一洒,鹤姑就可起死回生了。"

胡生拿过这两件法宝,按照绿毛乌龟的指点,一上路,两脚就离地飞了起来,越飞越快,越飞身上越暖和,不大一会儿,就到北海了。胡生脚踏冰块,手攀冰峰,寻找鹤姑。最后,胡生发现鹤姑已经被冻在一片冰层里。胡生立即把仙水一洒,果真灵验,鹤姑复活了。鹤姑立即围上带在身边的红纱巾,同胡生一起飞回了鄱阳湖。

说来也怪,一到湖上,胡生胸前的宝珠闪出亮光,一道紫色雾气从天而降。转眼间,鹤姑化成了一只白鹤,胡生变成了湖上的长坡。原来,绿毛乌龟知道鹤姑遇上灾难后,就匆匆赶到南海,向南海观音求得宝珠和仙水,还请她亲自去瑶池,向王母娘娘讨个情面,不要再重惩鹤姑。王母娘娘看在观音的面上,便降旨:鹤姑化成白鹤,胡生变作湖上的长坡,让白鹤不时站立在湖边的长坡上,相依相偎,永续恩爱。每年都有聚有分,冬天,白鹤飞来鄱阳湖;春天,白鹤飞回北海。

"啾呜"崖岸鸟

罗 文

在鄱阳湖沿岸的灌木丛中和崖洞里,随处都可以听到一对对白色的小鸟凄厉地叫着"啾呜,啾呜",湖边人叫它们"崖岸鸟"。

传说很早的时候,湖边出了一桩骇人听闻的孽情。

有一个叫"水蜜桃"的姑娘,是当年鄱阳湖上出了名的美人精。

她真名叫柳桃,是鄱阳湖边堰上柳家村人。父亲柳水保是洴池湖汊里出了名的"五鬼":一是酒鬼,每天只有早上清醒些;二是赌鬼,每年少说也有三百天在赌场;三是色鬼,见着女人,不分长幼,都要伸手在胸前摸一把奶子;四是恶鬼,醉酒了,欠赌债了,便对家人拳打脚踢,父母也难免其恶;五是野鬼,长期闲荡四方,日不居家,夜不归宿。到最后,柳水保两间破屋抵了债,一条破船搁在湖洲上散了架。终于,他父母又气又恨,积忧成疾,最后被抛尸湖滩。妻子难忍暴虐,从乌嘴头跳进了鄱阳湖。柳水保留下一对未成年的儿女,从洴池湖汊一带消失了。

几年之后,柳水保的一对儿女在舅父母家长大成人了。舅父母给了兄妹俩一条渔船和一副渔网,将他们送回堰上柳家,让兄妹俩在鄱阳湖上自谋其食。

从此,兄妹俩在鄱阳湖上风雨同舟,相依为命。

女大十八变,柳桃一下出落成一位清丽水灵、美貌绝顶的鄱湖仙子,这让结实威猛的哥哥柳大河常常怦然心动。

泱泱鄱湖,悠悠渔舟,真是一方与世远隔的清苑妙地。早已情窦初开的疯男痴女,欲望勃发,干柴烈火碰在一块,什么人伦顾忌早已抛得一干二净,再也无法挡住熊熊燃烧的欲火。

一个月白风清、湖光幽幽的夜晚,兄妹俩第一次偷吃了禁果。从此便一发不可收拾,岸边、滩头、芦丛、沙丘……无处不是兄妹俩纵欢行乐的地方,兄妹俩成了鄱阳湖上的一对极乐湖仙。

终于,妹妹怀孕了,哥哥傻眼了。

八百里鄱阳湖再也没有兄妹俩的容身之地,双双跳下了斧劈崖……

从此,斧劈崖成了"舍身崖"。

后来,每当三春汛起,鄱阳湖浩水苍茫、浸漫无际时,柳岸边、芦丛里、湖岛、荒洲……随处都可以听到一对对白色的小鸟或躲在密丛中,或藏在崖洞里,"啾鸣,啾鸣"凄厉地叫着,那是兄妹俩撕心的悔恨,强烈的控诉,他们一声声地喊着"舅误,舅误"……

第六章　特色美食的传说

左 里 盐 面

陈玉龙

都昌左里秦家圈的盐面,有一百五十多年的工艺制作历史,面条细长如线,味道独特鲜美,是都昌一大特色美食。秦氏家族把这面叫"感恩面"。

左里秦家圈的盐面在当地一直流传着这样一个故事。

咸丰年间,鄱阳湖一处河汊的南岸有个村子,由于靠近湖岸,不但田地经常被水淹,而且许多人都得了血吸虫病,大家都想另谋生存之地,却一直没有找到好地方。村里有个叫秦光阶的人,父母去世早,家中困难,又没有田地,只好挑着货郎担走村串户,做些小本生意。一日,他在去李姓村庄的路上突然病倒了,靠在一棵大树下呻吟。这村庄上有一位姓李的先生是当地的一个大户人家,平常乐善好施,他看到病倒在树下的秦光阶,二话不说,把他接到了自己家里,请来了郎中给他看病,秦光阶足足住了十多天才见好转。李先生知道了秦光阶的身世,觉得这个年轻人机灵善良,是一个不错的后生。他便邀请秦光阶住在他家,一来可以躲避血吸虫瘟疫,二来可以帮着他种田,维持温饱没有问题。李先生比秦光阶大不了多少,日子一长,他们就结为了兄弟。

正好那年小麦丰收,李先生请师傅来家里磨面粉、拉面。秦光阶有的是力气,师傅在拉面,他便主动上前帮忙,忙前忙后十分卖力。第二年秋天,李先生的小麦又丰收了,他又要请师傅来拉面,没想到秦光阶说:"兄长,别请人啦,让我来试试。"李先生看了秦光阶半天,微笑着答应了。

秦光阶学着拉面师傅的样子,从磨粉、筛粉、发面到和面、拉面、晾晒,许多道工序都做得十分精准,一步不落,得到了李先生的赞赏。从此以后,秦光阶真正开始做拉面了。

有一次,秦光阶起来发面,不小心把盐罐打倒了,不少盐末洒到了刚刚发酵好的面粉上。他心想糟了,泼洒的盐末肯定会坏了和的面。他小心翼翼地把盐末捡起来,可还是捡不干净。那回,秦光阶拉面时一直提心吊胆。然而,谁也没想到,奇怪的结果发生了:那团沾了盐末的面团拉扯起来比其他的面团更有筋道,而且还拉得更细。秦光阶把那挂面做了记号,晒干后煮了一尝,那味道还真与先前的面不同,更加鲜嫩可口。偶然的失误得到了额外的收获。秦光阶就在以后的和面中故意添加一些盐,并摸索出根据天气变化增减盐量的经验。一时间,他做的盐面分外受人欢迎。

　　李先生很高兴他的结义兄弟有这份独特的手艺,他盘算着不能让秦光阶长期寄在自己的屋檐下,得让他独立成家立业。他慷慨地划了一块地让他建房,并给了他一些土地,让他种麦,给他找了媳妇,帮助他成家了。

　　就这样,秦光阶成了左里秦家圈的起始先祖,也是盐面的创始人。经过一百五十多年,盐面传了一代又一代,发展到如今家家户户都拉盐面,全村日产盐面几千斤。太阳一出来,所有的家门口都挂起了银丝般的面条,一排排在太阳光下闪闪发亮,远远就可以闻到新面的香气。

　　为感恩李先生,秦光阶自立门户后拉出的头一挂盐面,就命名为"感恩面"。

阳 丰 排 粉

詹美松

阳丰张家岭村制作排粉,始于元末明初年间,距今有六百多年的历史。

阳丰排粉曾为明皇宫御食,在民间流行着好几个神奇的传说。

相传,朱元璋与陈友谅为争夺天下,在鄱湖大战十八年。一次,朱元璋大败退至三汊港,一路往西朝崇山峻岭里跑。这里山地险要,岭峰复杂,是隐蔽屯兵的好地方。朱元璋便指挥部队在张家岭村驻扎下来了。

张家岭的百姓一直拥朱拒陈,他们都拥护作田出身的朱元璋,所以,家家户户用腊肉,放上阳丰的紫皮蒜炒排粉给朱元璋的将士们吃。那排粉让官兵们

吃得啧啧称赞。

朱元璋的队伍在张家岭养息数日,官兵们便精神抖擞,意气风发,士气很快恢复了。

朱元璋听从刘伯温的提议,撤出张家岭前,在张家岭收买了很多排粉、腊肉和紫皮蒜带在军中,他要在鄱阳湖上重新布兵列阵,定计要报一箭之仇。

这一天,朱陈两军又在康郎山附近对峙。朱元璋听从刘伯温之计,吩咐士兵在野外垒灶,架起一口口大锅,用阳丰的腊肉、紫皮蒜炒阳丰排粉。一时间,几十口大锅中的肉香、蒜香、排粉香飘满湖洲。陈友谅闻到这一阵阵浓烈的香味,以为朱元璋的士兵正在用餐,便立即指挥队伍黑压压地包围过来。朱元璋的士兵见状,连忙留下碗筷和香喷喷的排粉不顾,拼命地逃跑。陈友谅的大军冲到这里,禁不住这排粉香味的引诱,都争先恐后地抢着吃排粉,把打仗的事丢到了脑后。就在陈军吃得正香的时候,朱军突然从四面杀来,将陈军团团围住,直杀得陈军晕头转向,几乎全军覆灭。

这次大胜稳定了朱元璋大战鄱阳湖的胜局。朱元璋当了皇帝后,经常想起张家岭排粉的美味,想起那次排粉美味带来的大败陈军。他下了一道谕旨:封阳丰张家岭排粉为御食贡品,每年都得按时向朝廷上贡,并御定阳丰张家岭排粉免征国税。

传说阳丰张家岭祖传规矩：制作技艺传媳不传女。工艺流程一直保密。直到新中国成立后，阳丰张家岭排粉的制作技艺才逐渐流传开来。据说，有一年，阳丰石头山村有人带上几十斤阳丰张家岭排粉去新加坡走亲戚，新加坡一位商人吃过后，提出了一火车皮的大订单，可惜，张家岭村无法供给。

阳丰排粉的制作要点是：选用优质晚米，浸泡十天半月，经野生酵母菌和乳酸菌发酵后，把米磨成米浆，再放入开水中煮至三四成熟，后放入石碓里舂，揉成圆柱形放入木栅里压成粉条，把粉条放入开水中煮熟，捞起，将粉丝排成长30厘米、宽20厘米的块，晒干后，用稻草将四块排粉扎成一扎，装入包装盒。

大港豆折皮

石尚焱

凡是去都昌大港镇游山玩水的,或是去山里老表家做客的,都会主动提出一个请求:让我尝尝大港镇的豆折皮吧!

"大港豆折皮",本地人叫"豆粑"。其特别的地方味道让人回味无穷,吃了还想吃。

"大港豆折皮"相传始于明末清初年间。

自古以来，百姓向朝廷上交皇粮国税是天经地义的义务，而且必须是上等主粮，其他高粱、玉米、荞麦等次等杂粮一律拒之门外，无论怎样改朝换代，这都是世代不变的皇律。

明末天启十一年（公元 1631 年），河南洪涝肆虐，大批难民流入都昌大港山区，在深山荒原上结棚栖居，垦荒耕种，种植了大片的易种易管、种下就有收的高粱、玉米、荞麦等粗谷杂粮，只想有了收成后，他们便能有吃有住，安下身来。到了秋收时节，这些难民虽然广种薄收打下了一些粗谷杂粮，可是，交不了朝廷的皇粮，广大难民面临的是皇律责罚。

这年，新调都昌的县令爱民如子，这些难民面临的处境，更让这位县令看在眼里，急在心上。怎么办？这些难民上哪里去找上等主粮？向征粮钦差求情？没用。公开对抗更不能。终于，他想出了一个办法：他让广大难民将高粱酿成酒，将荞麦与玉米同时浸泡后，磨成糨糊做成豆粑。等到征粮钦差到来时，他再作打算。

没多久，朝廷的征粮钦差领着一大群兵勇进了大港山。县令亲自督厨，办了五六桌美味的"山里宴"。首先端上桌的是腊野猪肉、大蒜炒豆折皮，接着是红烧板栗、炒山笋，最后是干蘑菇炖石鸡，县令亲自端着新酿的高粱酒壶挨个儿为他们斟酒。这些游走天下的朝廷差役，吃尽了天下的美味佳肴，喝遍了天下的琼浆玉液，却从未吃过这个风味特别的"山里宴"，这样醇香悠长的好酒，特别是开席的那个腊野猪肉、大蒜炒豆折皮，让他们赞不绝口，连吃三盘还不过瘾。那征粮钦差高兴地说："要带上这个腊野猪肉、大蒜炒豆折皮进京，让皇上亲口尝尝'大港豆折皮'的独特美味。"这时，县令双脚跪在征粮钦差面前，如实禀告了这桌"山里宴"的制作食材，说山里的难民没有上等主粮，种的全是粗谷杂粮，只好想着法儿来招待朝廷大人，请大人恕罪开恩。征粮钦差酒兴正浓，大大咧咧地说："好！你大港山里的粗谷杂粮就是好，不比上等主粮差，同样可以纳皇粮！"

自此以后的几十年间,大港山的农民可以用杂粮交纳皇粮。"大港豆折皮"也因此流传至今。每到过年时,大港人做豆折皮已成为家家户户必办的一桩年事。

"大港豆折皮"的制作工艺独特,它的主要原料是荞麦和大米,荞麦和大米同时经过浸泡后碾磨成糨糊,再放在用香油抹过的热锅里烘烤制作而成,柴火灶内烧的必须是干黄的松树针叶,火力细而文。炒豆折皮用的是香油或猪油,主拌料是腊肉,加上大蒜、生姜等,一股特别的清香味道便扑鼻而来。

"大港豆折皮"远近闻名,四季宜吃,省工省料,可以做主食,也可以做点心。"大港豆折皮"已上了中南海的餐桌,在地方传统特色美食中,可谓一枝独秀。

土塘馅心粑

刘章高

馅心粑是土塘镇的一大俗食特产,受到都昌人的喜爱。

岛山人爱岛山。岛山人都知道"土塘馅心粑"的故事。

《南康府志》载:"晋有仙女名岛,游此因名。"这是岛山的由来。岛山脚下有几个村庄,有宝葫芦状的盘地,土肥水润,可养千众万民。

历来,岛山如世外桃源,山民自给自足,于是创造了两种代表性食品:一是岛山米糖,一是馅心粑。也许是神仙点化,岛山村民做这两样东西,所有原料都山里自产。岛山米糖入口即化,不粘牙,是其他品种无法比的,但是岛山米糖必须在霜夜采集山里的寒气,以柴火调水蒸气,施以精工巧技制作而成。馅心粑则一年四季均可制作,节日、生日、贵客来访时,馅心粑都是首选。

馅心料冬有萝卜,夏秋有豆芽、腌菜、酸菜、南瓜、茄子、豆角、辣椒,最好的是大蒜配腊肉、韭菜配豆腐。虽是些家常菜,但调配和切炒大有讲究。粑皮要用晚籼米,把晚籼米烹至半熟,晾干,磨粉,后用开水调粉,手工揉粉,捏粑,做成饺子状。蒸熟的粑皮可透视里面的馅心,嚼之又香又韧,故有俗称"下轿的新妇出甑的粑",可以想象粑的味道如何了得!

岛山数村是唐代彭城侯刘巨容、宋朝开国元勋刘彦诚的后代。相传,明代一祖在邻县任县令,有乡人去寻他办事,进礼品,刘知县说:"什么都不要,有意就带些米糖和馅心粑来。"从此,凡去找刘知县的家乡人必带这两样,以至于岛山外的人去求刘知县,也进山买几斤米糖,馅心粑就在自家做。米糖用爆米花藏好,数月不变;馅心粑冷却后用网盘装,可存几天。尤其山里,即使夏夜也要盖被。

刘知县每接馅心粑,都与衙门里的部下分享。渐渐地,县衙里的人也喜欢上了这来自知县故乡都昌土塘岛山里的土特产。

刘知县上任才一年，便积劳成疾，得肺病辞世于任上。临终前，左右探问："您还想什么吃不？我们去买。"知县微弱地动着嘴唇，说："馅……心粑。"待部下从岛山弄来馅心粑时，知县已不能嚼咽了。部下把馅心扒开，靠近知县鼻子让他闻闻香气。不到一分钟，知县的眼睛忽然睁开，出奇地发亮，喉结也微微抖动……馅心粑的香气和形状让知县延续了一天的生命！

说来也怪，几百年后，当代的都昌县陈县长也对岛山馅心粑情有独钟。20世纪60年代，陈县长为避风浪躲进了岛山。岛山大队书记没更好的东西待客，馅心粑和米糖就成了最佳食品。陈县长住了一个多月，经常吃到新鲜的馅心粑，最后恋恋不舍地回县里了。

后来，陈县长为谢馅心粑、米糖之情，把这个大队的书记转了国家干部。他每来土塘公社检查工作，公社书记就事先请镇周围最手巧的农妇做馅心粑招待。县长说："这个我喜欢，比喝酒吃肉还要好。"于是陈县长就经常来土塘检查工作了。

巧合的是，二十年后的都昌县吴县长也尤其喜欢土塘馅心粑，他一非本地人，二没受过馅心粑的"熏陶"，只一尝便锁定终生。有一次，他来土塘考察，乡长是个老实人，想不出新招招待上司，便安排农妇做了两盘馅心粑，给县长做早点。吴县长试着吃一个，"这东西好吃"，便放不下筷子，直把肚子撑得圆滚滚。乡长说："都是农民自种的，没花钱，您喜欢，下次再做。"

果然，吴县长在任几年，经常来土塘，他坦率地说："来过馅心粑瘾。"从他调离都昌至寿终，也没少吃土塘馅心粑。

土塘馅心粑不胫而走，誉满都昌。随着历史演变和人员流通，它被上海知青带到了大上海，被打工者带到了全国各地，省、市城里有"土塘馅心粑"店，天涯海角有"土塘馅心粑"店，还有人将它传递到了香港、英国……

在乡人心里，土塘馅心粑已远远超越了它的味道，所蕴含的意义太广大了。

河水煮河鱼

沙湖人

我家住在鄱阳湖边的上陈湾,祖祖辈辈以渔为业,以鱼为生。爷爷还光屁股的时候,就在船上跟着他的父辈们在鄱阳湖上捕鱼,跟着学划船,学撒网。三十而立后,爷爷便干起了祖辈们干过的行当,成为正式渔民。在人民公社时,爷爷还当上了渔业大队的队长,在他的带领下,一条条渔船早晨披着晨雾,带着露水,从渔村出发,直向鄱阳湖心。大家分头作业。一网网的鱼从湖里被捕上来,然后被装到鱼筐里,上交到岸上的大队部。岸上的人便分拣、过秤,用鱼篓装好后,再一篓篓送到县里的水产公司销售,换回渔民们必需的米、面、油、盐、燃煤和日用品等。鱼交出去的似乎不少,但换回来的生活用品好像极为有限,怎么也不够大家分。

日子就在摇橹的吱哑声中,在湖面的氤氲水汽里,紧巴地过着。

每年四五月后,经过两三个月的休渔,鱼儿长得膘肥体壮。一网撒下去,慢慢地拖上来,渔网就要离开水面的时候,就见网中大鱼跃、小鱼跳,妇女们欢,男人们笑。这是捕捞丰收的季节,当然也是渔民们最开心的日子。这时,爷爷每天都会留下两条最大的鱼,请上陈湾的打鱼人聚在湖洲的芦棚里大聚鱼餐。苦了半春的肚子,也该搞点大荤大腥打打牙祭了。

我奶奶是鱼厨高手,尤以"河水煮河鱼"闻名上陈湾。再大再多的鱼,再大的场面,从不需要别人帮忙,她一个人刮鳞、破肚、抠腮,掏出内脏,将鱼胆摘了,再将鱼油小心扒下,放在一只干净的大瓷碗里。洗净的鱼肝、鱼泡和鱼肠放进另一个盆子里。大鱼被大卸八块后,新挖的地灶底下已经有人在用芦秆生火。大锅烧得红红的,奶奶便将搪瓷碗里的鱼油往锅里一倒,固态的鱼油沾着红锅,马上滋滋地冒出白烟,化成了液态的鱼油。看着差不多了,奶奶便将切好的鱼块倒进锅里。她手持大铲,在锅里抄来翻去,差不多鱼块都变白了,才将鱼肝、鱼泡、鱼肠倒入锅中,再翻炒几下之后,最后倒入干净的河水,直至将鱼块全部淹没后,便朝灶底下烧火的人大喊一声:"大火!"烧火的人用火钳在灶膛中一拨,红色的火焰立马蹿升,锅中的水很快就沸腾了,鱼块在沸水中突突作响,锅面上袅娜升腾起白色的水汽,一缕缕,一簇簇,宛如早晨河边蔓腾的雾气。约莫半小时光景,奶奶放入了适量的碎盐和捣碎的老姜、大蒜,再用大铲在锅中轻捅几下,又舀入小半瓢河水,吩咐烧火的人"小火"。烧火的人将散发在灶膛四周的柴火往中间一拢,压上火钳,灶膛的火苗马上由明变暗,开始文火慢煮了。

适时,鱼香四溢开来,弥漫了整个上陈湾。大人们已经围坐桌前,斟好了酒;孩子们围着灶台转,垂涎三尺。六大脸盆的"河水煮河鱼"端出来了,尝一口那鱼胶沾唇的鱼汤,吃一块入口即化的鱼块,这就是让你齿腭生津的"河水煮河鱼"的独特味道。

黄昏,湖上天光水色映透着落日霞晖,清风徐徐拂面而来。上陈湾的渔人们今天的胃口特别好,兴致也特别高昂。他们甩掉了劳怨,抛开了疲累,把一声声你呼我嚷、嘶嚎狂笑洒向鄱阳湖。

"河水煮河鱼",是鄱阳湖上一道名菜。因为好吃,因为本色,因为地道,客人们可以在源远流长的饶河口,可以在清波碧涌的矶池边,可以在烟波浩渺的北庙湖上,可以在中国"百慕大"的老爷庙前,随时随地享用到鄱阳湖"河水煮河鱼"的味道。但最好应该是在晒网的湖洲上或渔民的渔船上。

鄱阳湖的水源自南面的赣河,东面的信河、抚河、饶河,西面的修河,用五河之水煮出五河滋养的鱼,"河水煮河鱼"的味道自然、鲜美、滋润、丰富。

品一回鄱阳湖上的"河水煮河鱼",决不会虚游了鄱阳湖。

豆参煮鲶鱼

罗 文

南峰豆参煮鲶鱼,是都昌餐桌上人见人爱的一道名菜。

相传,"豆参煮鲶鱼"是朱元璋钦定的犒劳三军的"压席菜"。

正宗的"南峰豆参"颜色如金,外形如参,内心如菊,嚼味如酥。无论是用"南峰豆参"熬鸡还是烧肉,味道都特别鲜美。特别是用"南峰豆参"煮鲶鱼,既有鲶鱼的腥鲜味,又有豆参的豆奶香。那高汤浓汁熬煮的鲶鱼,肉质细嫩,口感独特,鲜味逍遥;那饱吸高汤浓汁的豆参,浑身水亮,一口咬下,热汤四溢,绵软如絮。这道菜让人食而忘饮,不愿辍筷。

当年,朱元璋与陈友谅大战鄱阳湖的第一仗是康郎山大战,朱元璋初战失利,都昌南峰、芗溪一帮在南岸洲打湖草的农民救了他一命。随之,他领着残兵败将乘坐十几艘湖草船隐退到芗溪黄陂洗马涧。百姓喜欢叫花子出身的朱元璋,厌恶不仁不义的陈友谅,热情招待朱元璋这支落败的队伍。此时正是鄱阳湖盛出鲶鱼的季节,家家户户都端上了豆葱煮鲶鱼这道"乡下菜"给朱元璋和将士们压惊。在鄱阳湖上打仗,将士们吃鱼都快吃腻了,但突然尝一口这豆葱煮鲶鱼,将士们立刻胃口大开,津津有味。朱元璋吃罢,更是龙颜大喜,连连称赞,说,这形如参、味如酥的豆葱分明就是"豆参"嘛!叫"豆参煮鲶鱼"好了!

"豆参煮鲶鱼"味美的关键在于这道菜的辅料"南峰豆参"。

"南峰豆参"的制作工艺始于北宋天禧年间。据石桥村冯氏家谱记载:先祖冯公甫是宋朝天禧中进士,官封饶州郡守,选址定居南峰白水塘石桥,带入安徽休宁豆制食品工艺。当时,南峰、黄陂等地不少往返于徽饶古道的瓷器商贩,将油炸的豆制品随身携带充作干粮。因为圆润修长,形如大葱,故当时称作"豆葱"。这下,由朱元璋赐封,"豆葱"变"豆参"了,"豆参煮鲶鱼"这道乡下菜登上了盛筵大席,出名了。

元末至正二十三年,朱、陈决战于鄱阳湖老爷庙水域,陈友谅后颅中箭,逃出湖口死于泾江口,朱元璋取得了天下已定的大胜利。他就是用"豆参煮鲶鱼"

这道名菜,作为犒劳三军的"压席菜"。

"南峰豆参"不仅味道鲜美,而且营养价值极高,绿色无公害,富含人体所必需的 13 种氨基酸,保留了大豆中的蛋白质、脂肪、无机盐和多种维生素。味道十分鲜美,是老少皆宜的食品。它具有增强骨质、舒张血管、降低三高的功能。2000 年,"南峰豆参"获得了中国九江首届农副产品精品奖;2003 年,"南峰豆参"被评为"江西省地方品牌特产",还上了中央电视台《舌尖上的中国》节目。

凡是来都昌的客人都喜欢吃"豆参煮鲶鱼",不仅享用了"豆参煮鲶鱼"的美味,还品味了"南峰豆参"的文化内涵。

西河东坡肉

朱新民

在鄱阳湖上都昌县的西河,每逢酒席宴上,总少不了两大碗。两大碗是用稻草扎着的大块猪肉,象征和睦相处。丰盛的酒宴上摆着这样两碗猪肉,显得别有风味。拿起剪刀,剪断稻草,仔细品尝,肉色清爽,入口香酥绵糯,汤鲜味美。肉香味中还夹杂着一股稻草的清香味,沁入肺腑,确实令人回味无穷。这种肉就叫"东坡肉"。

为什么称这道菜为"东坡肉"呢?其中有这样一个传说。

宋朝有一位著名的文学家叫苏东坡,他被贬至南天,路过鄱阳湖上的都昌县,住在一个旧书院内。一天,天气十分炎热,苏东坡坐船来到西河村头,忽然一阵哭声传来。他抬头一看,只见一农夫抱着个孩子急忙朝这边走来,后边跟着哭哭啼啼的妇人。东坡心想:八成是孩子得了什么急病,我对医学虽不在行,但医书药学倒也看过不少,常见病症也略知一二。于是他就叫住农夫说:"让我给孩子看看吧!"

原来,这对夫妻中年得子,把孩子看得比生命还要宝贵,所以给孩子取名叫"金崽俚"。金崽俚那天突然得病,神志昏迷,不省人事,两口子吓得要命,急忙抱孩子去找郎中。常言道:"病急乱投医。"农夫看看苏东坡的打扮,见他又如此热诚,便立即把孩子递给他。东坡接过一看,孩子紧咬牙关,手足抽搐,正合医书上中暑之说。于是他招呼农夫把孩子平放在地上,顺手摘了一把樟树叶搓了搓,然后把樟树叶放在孩子的鼻子下。随后,按医书上的做法,这里弄弄,那里掐掐。不一会儿,金崽俚"哇"地哭出声来。两口子真是喜出望外,抱起金崽俚,拉住苏东坡就往家里走。苏东坡见农夫谢恩心切,也只好跟着走。

来到农夫家一看,家虽不富,却也十分整洁。农夫为了谢恩,留住苏东坡热情款待,一晃就是三天。

这天清晨,农夫兴冲冲从街上买了两斤猪肉。屠夫卖肉都是称好后,用稻草捆扎,让买主提着回家。农夫提着肉,一边走,一边想:肉买来了,我还得去问问先生的口味。于是,他就去问苏东坡。

这时,苏东坡正在村头稻田间赏景,朝霞满天,露珠挂在田间的稻叶上,如一颗颗明亮的珍珠。苏东坡被这美丽的景色迷住了。他诗兴大发,正在赋诗作词,推敲词句。农夫在后面轻声问道:"先生,你看这肉怎么弄着吃?"东坡作诗入迷,口中朗朗念着:"禾—草—珍—珠—透心香……"

农夫听了一愣,仔细一琢磨,对了,他是叫我把肉和着稻草整煮,并要煮透心,那样吃才香,所以说"和草整煮透心香"。这先生和我们耕田人真不一样,说话开口是诗,连吃肉都特别。

想到这里,农夫把肉拿到厨房,按苏东坡讲的和自己想的,叫老婆和着稻草把猪肉整块地放在锅里焖焖猛煮,煮得透烂。

到吃饭时,菜端上桌来,苏东坡见一整块肉,没剁没切还用稻草捆着,想来想去,不知什么原因。想问,又不好意思开口。要吃吗?一整块肉,稻草还捆在上头,又不知如何动手。

农夫见东坡望着肉出神,也挺奇怪,就对苏东坡说:"早上我去问你,你不是说'和草整煮透心香'吗?我是按照你的意思给弄的,先生怎么不吃呢?"

苏东坡恍然大悟。原来,农夫把他的话给串起来了,断断续续的词句被他听成一句话。既然如此,也只好顺驴下坡,于是剪开稻草同农夫一家吃起来。没想到猪肉掺夹着稻草的香味,十分清香可口。

吃完饭,农夫夫妇出门去了。苏东坡想,主人如此盛情款待,打扰几天了,十分过意不去。几次要走,主人都不肯,今天还是走了吧。主意一定,他从包袱里取出五两纹银,放在桌上,留下一张字条,上面写着:"主人盛情难却,东坡不辞而别。"

农夫夫妇回来,看见条子大吃一惊,原来救自己孩子的恩人竟是鼎鼎大名的苏东坡先生。

这件事一传十十传百地传开了,西河村人都学着用稻草扎肉煮着吃,果然香酥可口。西河人便把这种肉称作"东坡肉",因其味道鲜美,做法别致,所以,一直流传到现在。

银鱼千刀汤

詹玉新

"银鱼千刀汤"是鄱阳湖上都昌县的一道特色菜,其味道异常鲜美。都昌人说这是百姓菜、众家菜、地方菜,千家万户的人都吃过,都会做。

传说公元前17年,汉高祖派灌婴追杀叛贼淮南王英布,从浔阳江头出发,顺流东下,在鄱阳湖上都昌的黄金嘴误入了旋流险隘,战船纷纷翻沉湖中。未曾开战,汉军就损兵过半,一路尽是散弃的兵勇。

月黑风高,孤鸿哀号。灌婴和几十个散兵游勇在黑沉沉的湖滩沼泽中饥寒交迫,心惊胆战。他们在泥潭中挣扎了几天几夜,与死亡抗争,终因筋疲力尽,一个个倒在枯槁丛丛的芦苇滩头。

就在这时,一位姓郝的渔家大嫂发现了他们,便赶紧回到芦棚,先用鱼油将浸泡过的干银鱼炒一炒,然后加满一锅清净的河水,煮了一刻钟,又用一大碗藕粉将剁碎的鱼肉末搅拌成羹后,倒入沸腾的银鱼汤中,再用大勺搅拌,加入葱花、姜末,一大锅银鱼汤熬成了。郝嫂端着一碗碗银鱼汤一勺一勺喂进那些昏倒在芦苇滩头的士兵的嘴里。

说来也怪,那些士兵喝了银鱼汤,一个个苏醒过来,从泥潭里爬了起来。灌婴接过郝嫂手中的碗,将剩下的银鱼汤全喝了,立马脸上起红晕了,有精神了。他领着士兵在郝嫂面前跪下了,说:"恩嫂,这是什么神丹妙药汤,竟如此神奇地救了我们的性命。我们感恩不尽哪!"郝嫂说:"哪是什么神药汤。我发现你们一个个倒在泥潭里,猜想是饿晕了,我就熬了一锅银鱼汤,里面加了一些鱼肉末,给你们醒晕,唤过气神来。我们湖边人只要是困乏了,累倒了,喝一碗这银鱼汤,立马就有精神了。"

郝嫂的话让灌婴顿时生出一个主意:如果将郝嫂请进军中,隔三岔五给士兵们熬银鱼汤喝,那将士们岂不是时时日日精神焕发,斗志昂扬了?就不需休整养息了。他好说歹劝,终于将郝嫂带回了浔阳,在军中做"火头军"了。

可是,郝嫂来到浔阳后,再也做不出那起死回生的银鱼汤了。很久以后才知道,没有鄱阳湖的银鱼,没有鄱阳湖的清净湖水,任你技艺再高超的厨师,也是做不出那种银鱼汤的。

"银鱼千刀汤"异常鲜美的味道和神奇的滋补功效,得益于鄱阳湖黄金嘴的银鱼和鄱阳湖的清净湖水。这是都昌人得天独厚的做"银鱼千刀汤"的独有食材。都昌鄱阳湖黄金嘴的银鱼历史悠久,声名远播,自汉代起便被列为地方贡品,曾荣获"全国首届农业博览会金奖"。据都昌地方志记载,自唐武德五年置县都昌以后,每年都要向皇帝进贡百余斤鄱阳湖银鱼的干品。银鱼肉鲜味美,营养丰富,有益脾、润肺、补肾、去虚、增阳、滋阴、提神、抗疲劳等功效,属上等滋养补品。干银鱼的蛋白质含量为72.1%,脂肪含量为13%。每百克银鱼含赖氨酸4820毫克、蛋氨酸2308毫克、异亮氨酸4176毫克、缬氨酸4396毫克、苏氨酸6652毫克，如此丰富的氨基酸，是其他鱼种所少见的。每百克银鱼可供给热量407千卡，几乎是普通食用鱼的5~6倍；其含钙量高达761毫克，为群鱼之冠。

鄱阳湖黄金嘴的银鱼晶莹透明，形如玉簪，头平偏，口大，牙锐，背鳍和脂鳍各1个。肉质细嫩，肉味异常鲜美。自古以来，它就是人们餐桌上的珍肴。随着历史的演进，美食出新，当年的银鱼汤如今已经是都昌宴席上的一道特色地方菜——"银鱼千刀汤"了。食材和制作技艺有了很大的变化和提高。

要品尝"银鱼千刀汤"，要了解"银鱼千刀汤"的制作技艺，请到鄱阳湖上都昌县来。

皇宫"珠贝宴"

詹良生

在都昌滨湖地区有一种稀珍宴席,叫"珠贝宴"。

"珠贝宴"始于明朝开国大典时,明太祖令御厨按他的旨意烹饪出的不多见的特别宴席,用以犒劳满朝的开国元勋,所以宫廷称"明皇宴"。湖滨的渔汉农夫们称"表兄宴"。

相传,朱元璋与陈友谅在鄱阳湖进行争霸大战,朱元璋兵败康郎山,形势十分险恶,一度困守在鄱阳湖中的珠蚌山(民间又名猪婆山)一带。湖心孤山,四面环水,住在山上的七八户渔民家中的粮食全都捐了,何以解决数百兵勇的军粮?正在朱元璋一筹莫展的时候,三个渔民走进帐来,向他禀告道:"大帅,我仨人给您送军粮来了。"说罢,便将一碗味道特美的湖鲜送到朱元璋手中。那是一碗用河水煮熟了的晶莹白嫩的蚌肉,湖鲜扑鼻,香嫩可口。朱元璋一口气吃下了这碗河水煮蚌肉,连连称赞:好味道,鲜美极了!

猪婆山一带盛产珠蚌,蚌壳质地上优,蚌肉美味可口,蚌肉内还孕育着珍珠,所以称之为珠蚌。早在南宋末年,江浙一带新兴纽扣业,大量的原材料就是从鄱阳湖猪婆山一带运去的珠蚌。

朱元璋十分感谢三位渔民,对天疾呼:"天不灭朱,我大军有救了!"

于是,将士们纷纷下湖捞蚌,天天用河水煮鲜嫩的蚌肉充饥。说来也怪,几天过去,将士们一个个变得红光满面,精神抖擞。原来,珠蚌肉营养价值非常高，能快速增强人的体质。经过一段时间的休整养息，朱元璋的将士们重焕了精气神，极大地提高了战斗力。经过周密部署，朱元璋重新调兵遣将，终于在鄱阳湖松门山前重创陈友谅的水军，赢得了鄱阳湖争霸战的重大转机。

朱元璋在珠蚌山休整养息期间，经常坐在洲岸边歇马晒袍。后人为了纪念朱元璋这个日常的战地生活细节，就将珠蚌山改名为朱袍山，意为朱皇帝晒过战袍的地方。

后来，朱元璋做了皇帝，时常想起鄱阳湖珠蚌肉的美味，于是，就命令御厨用鲜蚌肉配以猪肉、豆腐、芦笋等做了一桌佳肴，与满朝文武共享美味佳宴，"珠贝宴"自此成席，流传至今。

鄱阳湖一带流传的"珠贝宴"，人们也叫"明皇宴"或"表兄宴"，是鄱阳湖地区闻名遐迩的美馈佳肴。

第七章　风土民情的传说

哭　嫁

苏仲华

都昌有哭嫁（乡下人叫吵嫁）的习俗，相传，这一习俗始于晚唐。

晚唐时期，都昌龙船地罗家有一对夫妻只生育了一个女儿，女孩长得标致匀称，聪明伶俐，上门说媒的不计其数。夫妻俩视女儿如掌上明珠，总舍不得女儿离开，婚事一拖再拖，直到女儿长到二十有三，看着实在不能再拖了，终于选

定了一家门当户对的人家。

出嫁之日，女儿已经装扮完毕，外面娶亲的鞭炮响了，鼓乐敲起来了，新娘却迟迟不愿走出房门。母亲看新郎已经打发走了，还不见女儿上轿，于是她来到女儿房间，不料，她一跨进房门，女儿突然抱住母亲大哭起来。女儿边哭边说：她长到二十多岁，平日在家时刻不离爹娘左右，如今要嫁到婆家为人妻为人媳，许多事要从头做起，开始独立生活，她心里既留恋不舍，又有些担忧、害怕。母亲对女儿也恋恋不舍，也止不住号啕大哭，哭得像是割心剐肉似的。这母女一哭，引得在场的大妈、婶婶、大姑、小姨等许多人跟着哭起来，一时哭得全村轰动，远村近邻传遍了。

自此之后，凡有女儿出嫁，都要大哭一番。于是，婚嫁时哭嫁便成了这一带的风俗。

因为哭嫁又叫吵嫁，都昌人给它赋予吉祥之意，叫"大吵大发""越吵越发"。哭嫁的内容是女儿哭求母亲再教导她一番，表示不忘父母养育之恩；母亲、长辈们哭的是叮嘱，女儿到了婆家后，要恪守三从四德，要孝敬公婆、尊重丈夫、勤俭持家，祝福他们家庭和睦、夫妻恩爱、白头偕老等。

每逢婚嫁之日，吃过嫁女酒后，一切准备停当，就要装备打扮好新郎，放鞭炮，乐队奏响了，房内便开始哭嫁。哭嫁一般在女儿房内进行。哭嫁有大哭小哭之分，大哭为娘家女人包括母亲、姐妹、姑、嫂等都参与哭吵，小哭只有母女二人哭。哭嫁有会哭的，哭得泪如泉涌，哭得天地动容，哭得乡亲也跟着抹泪。直到新娘被抱上轿，喊"起轿"了，才停止哭嫁。

哭嫁是嫁女最为热闹的时候，常常招来不少看客围观。哭嫁是都昌婚嫁时的一幅风情画。

扛丧"八仙"

程 芬

在都昌的广大农村,但凡老人去世用棺木土葬的,都要特别请到专门负责抬棺木的人,这些人被称作"八仙"。

"八仙"一般由村里各房支脉按人员多少由成家立业的中青年男子组成。杂姓混居的村庄或者小村庄拼凑不出"八仙"人数的,他们只有混合杂姓组建"八仙"队伍,或者请其他村庄同姓共族的帮忙,抑或请邻村的"八仙"帮忙。

"八仙"在丧事中地位非常高,一切丧事安排都得听"八仙"的。"八仙"的待遇也是非常高的:第一,孝子要穿上孝衣登门去请;第二,每天必须"三餐两点";第三,每位八仙要一双鞋、一条毛巾、一顶多层八仙帽;第四,在偷丧出门前要"宴八仙",鸡、鱼、肉、猪内脏及银鱼、墨鱼、香菇、木耳、黄花等配菜共八大盘,一样都不能少,上好烟好酒;第五,亡人的女儿、侄女、外甥和主亲晚辈送殓时必须备足三份"丧殓礼",即冰糖一斤、高级糕点一盒、香烟("金圣"极品以上)一条,所收集的"丧殓礼"全部归"八仙"均分。"八仙"在做工时,要专人招待,负责给"八仙"泡糖水、斟酒、倒茶、上糕点、瓜子等,要让"八仙"吃好喝好。

"八仙"一般为八人,刚好聚一桌。近年,丧家为了装面子,显富贵,"八仙"人数也由原来的8人增加到16人,叫"双八仙",且逐渐形成风气。

"八仙"在丧礼中的服饰是:身着丧家发的白大褂,腰系长浴巾(以前为罗布帕),脚穿解放鞋,小腿位置用白布条裹扎,头戴布做的"八仙帽",一般是在里面白色帽子上，外面叠加红色的帽子，如果亡人有曾孙，则再在白、红帽子上继续叠加一层绿色的帽子。据说该帽子做法为"天盖地"，具有镇住一切邪气的功效，所以"八仙"们一直要在棺木下葬后，才能摘下"八仙帽"。

"八仙"的工作是义务的。亡人入殓时，"八仙"要用艾叶水为亡人"买水"，给亡人擦身、穿寿衣、入殓等，还要负责挖井（坟坑），把下葬用的石灰挑运到坟地。出殡前丧祭烧香时，"八仙"要用绳索或布条"扒丧"、扎龙杠，像编织中国结一样，用活结把棺木绑扎在龙杠上，然后洒酒祭龙杠。

出殡时，先鸣锣，放鞭炮，用喇叭吹哭丧调，后由"八仙"领队"掌彩"："伏羲！天地开张，日吉时良。先人终生福德好，今朝跨鹤登天堂，孝男手持主丧棒，孝女孝媳侍两旁，亲戚朋友来送葬，护送仙体入仙乡。"

喝彩完毕，"八仙"齐号令，抬起棺木。这时，"八仙"要用脚踢倒支撑过棺木的桌子和长凳等。"八仙"抬着棺木出发一段距离后，要抬着棺木先左右摆动三下（龙摆尾），后转身回头（回龙杠，亡人向女眷告别），路中，还要三落三起，道士念经三送，送葬队伍依次行进。

"八仙"在下葬棺木时，需要用草纸撕"王"字丢入墓穴中，叫"下赐"。撕"王"字，是源于古代帝王、诸侯、卿大夫、高官大臣等死后赐"谥号"，寻常百姓因受谥号文化影响，所以在"八仙"盖棺定论时，用草纸撕"王"字，算是给亡人也赐一个"谥号"。

抬棺的人被称为"八仙"，完全是受道教文化影响而衍生出来的。据说，最早的"八仙"分别代表着男、女、老、少、富、贵、贫、贱，均是由凡人得道后成仙的。

在民间的信仰中，人死后去的地方是阴曹地府，但同时又称之为天堂、瑶池、蓬山，皆为仙人所居之处，是八位神仙经常聚居的地方。人死后幻想能羽化登天，得道成仙，所以挽联常有"瑶池添座""蓬岛归真""蓬山鹤史"等词。同时，八仙也是道教的代表神仙，所以人死后要想成仙，就只有请道教的八位仙人抬棺相送了。因为凡人是去不了仙境的，因此，抬棺木的人就被称作"八仙"了。

悬 杠 抬 棺

刘章高

在鄱阳湖上的都昌县有个风俗:人死了出丧时,大红棺材悬杠抬。据说,这是洪武帝御封的,所以就作兴起来了。

那时,朱元璋和陈友谅在鄱阳湖摆开战场决胜负。有一次,朱元璋又打了败仗,陈友谅紧追不放!危急之时,在朱元璋退兵的路上,远远来了一群人,前呼后拥的,其中最显眼的是八个人共抬两根木杠,杠上捆绑着一具七八尺长的形似大圆筒的东西,像一门大炮一样正对着陈友谅追来的方向,还有铁铳"轰轰轰"一片响,一响一个大黑烟圈冲上九霄云,震得地都颤动。打头的摇动长旗子,后面跟着的有的手举棍棒,有的抬着长篙。他们头扎长巾,身穿套衫,步步逼近,向陈友谅拥来。

陈友谅吓着了:"这是哪来的怪兵?"他想:朱元璋那个刘伯温,常常用兵诡诈,不可不防。他明是退兵,实则暗藏杀机。光那小炮的轰响就如此震天动地,若是那八人抬的大炮一轰,还有俺们兵士的活路吗?想到这里,陈友谅马上下令:"鸣锣收兵,急急退回本营!"就这样,朱元璋得救了。

其实,那哪是什么兵炮,那只不过是附近一伙送葬的!那大红圆筒其实也不是长炮,是一具略圆的油漆棺材;前头那个是道士,手里摇着引魂幡旗;后面的人有的举着孝棍,有的抬着祭幢,头戴孝帽,身穿麻衣,子子孙孙、亲戚朋友排了一长条。这送葬队伍无意中救了朱元璋一把。

朱元璋称帝后,仍不忘这件事,就把这悬杠抬棺出丧的方式御封为"大红棺材悬杠抬"。从这以后,"悬杠抬棺"就成为都昌的风俗了。

为死人买水

程 芬

在都昌，人去世后，在入殓前，子孙后代都要为死者买水沐浴，而且一般都作兴买七口塘的水。给死人买七口塘水进行沐浴的风俗，在都昌还流行着一个关于彭祖的古老传说。

彭祖本是福建武夷山乡间的茶农。他种的铁观音茶香清味醇，茶香持久，喝起来沁人心脾，比其他茶更引人入胜。一日，彭祖独自在茶园，用山上的清泉煮了一壶上好的铁观音茶，清风徐来，铁观音浓郁的清香随着清风飘至百里之外，飘到了正在天空遨游的七位仙女的鼻中。众仙女闻之神清气爽，便结伴追寻着香味而去。等七位仙女落地彭祖的茶园，看到彭祖怡然自得地独自品茗，其神情比他们众神仙还悠闲、清爽，于是纷纷向彭祖讨茶喝。她们喝过这茶后，立马心脾清爽，神情悠然，都久久不愿离去。于是众仙女相约：每年清明时节都来一次武夷山彭祖的茶山，品彭祖的茶，学彭祖颐养心神。

第二年清明时节，众仙女又腾云驾雾，飘飘然地来到了彭祖的茶山。此时的彭祖已是杖朝之年，满脸皱纹，腰背佝偻，给她们泡茶续水时，显得步履蹒跚。七仙女看着年迈的彭祖，都在想：如果彭祖哪一天走了，不在人世了，她们将去哪里品如此佳茗？众仙女思忖良久，为了每年都能喝上彭祖的铁观音茶，能一直喝下去，她们一致商定：每人都凭自己的仙术赐彭祖多活100岁，七位仙女就可以赐予彭祖700岁，再加上彭祖本已80岁，彭祖就能活780岁。

七位仙女各显神通,每个人都赐予彭祖多活100岁,彭祖应该能活到780岁了。但是,天有不测风云,阎王早就注意彭祖了,只是在生死簿上怎么也找不到彭祖的名字。彭祖活到767岁时,他的第49任妻子也将老逝而去。彭祖的妻子问他死后是否再娶,彭祖说当然会再娶。彭祖的妻子又问起彭祖长寿的原因,这时的彭祖有些得意忘形,把自己长寿的秘诀告诉了临终的妻子。其妻子十分嫉恨在她死后彭祖还要续妻,她死后就在阎王面前出卖了彭祖。阎王爷这才在生死簿上找到了彭祖的名字,把他抓归阴间。

彭祖被阎王勾了生死簿,气血丧尽,魂飞魄散,撒手人间了。他有无数的子孙后代为其办理丧事。就在为彭祖穿寿衣入殓时,裁缝师傅突然发现彭祖干枯的身躯上有一丝丝轻微的颤动。大家聚到跟前,定睛细看,原来彭祖虽然气息已绝,但是一颗心仍在跳动。众子孙们一齐跪下,高声呼唤祖宗回来。大家立即停止更衣,议论纷纷:祖宗为何人死心不死?

正当百思不得其解时,门外走过一跛脚乞丐,他摇着蒲扇,边走边疯癫叫唱:"不到黄河心不死,不见棺材不落泪。"乞丐在村里走了一圈,嘴中一直念叨着这两句话。此时,彭祖的子孙中有个非常聪明的后生名叫彭睿,他忽然领悟,说:"那跛脚乞丐一定是个下界的仙人,他告诉我们,祖宗没有见到黄河水,人虽死,但心不死。"众人恍然。可是,这武夷山离黄河太远,隔着千山万水,要把彭祖的尸体运到黄河边,让他见一眼黄河,那可是困难重重啊!还是那个叫彭睿的后生拿了主意:派人快马去黄河边买一瓶水来为彭祖沐浴。于是,彭祖的后代带着香纸爆竹、一个瓷瓶,快马加鞭,飞奔到离武夷山千里之遥的郑州黄河段买来了黄河之水。裁缝师傅用黄河之水为彭祖沐浴,擦洗全身。刚刚洗浴完毕,彭祖的心脏便停止了跳动,安详地躺在门板上。这样,人们才给他更换了寿衣,顺顺利利地举行了入殓仪式,葬礼如期举行。

传说,当时那个疯癫乞丐是都昌元辰山上得道成仙的苏耽,是他把为死人买水沐浴的一套习俗传到了都昌。买水沐浴一方面是让死者不带走红尘中的脏污,干干净净地到天堂去,另一方面是为死者心无牵挂,入土为安。但后来该习俗有了些改变:因为黄河太远,人死了都要去黄河买水,实在太艰难了,于是,慢慢地便改为在就近的池塘里鸣炮、烧纸、买水。又因为彭祖的寿命是七个仙女赐予的,所以就在七口塘里买水。给死人买水的风俗就这样在都昌流传下来了。

"魔鬼湖"上的红船

刘　铨

以前，都昌老爷庙前的湖边经常停泊着两艘大船，这就是老爷庙湖上救生的红船。要知道它的来历，得从一位名叫周善人的说起。

周善人是位出名的中医，他一面行医，一面还开设了一个叫"同仁堂"的药铺。周善人和他的妻子都是四十多岁的人了，生活虽然过得挺宽裕，可是膝下没有儿女，精神上感到很是孤寂，心里常常不安。周善人听说鄱阳湖边老爷庙里的定江王菩萨时常显灵，于是，就备齐香烛、纸、炮到庙里求神，盼望神灵保佑，生下一男半女。

俗话说，日有所思，夜有所梦。周善人当天求神回家，夜晚就做了一个好梦。一觉醒来，便喜滋滋地告诉妻子，说老爷庙的定江王菩萨要他在老爷庙里开设药店，解救那里经常翻船遇难的渔民。好心一定会得到好报。

于是，夫妻俩便在老爷庙边开了一间药店。周善人刻苦钻研药理，精心配制了一种"济生水"，落水不久的人喝下此水，就会起死回生。"济生水"救活了不知多少穷苦渔民。

有一天，周善人从渔民家里治病回来，在湖边走哇走，忽然发现前面的沙滩上躺着一个人。走近前仔细一看，这人身穿破烂袈裟，双眼紧闭，脸色青白，看样子是一位得了急病的老和尚。周善人便急匆匆去附近的渔村，请来几位渔民，把这位老和尚抬到药店，给他灌下"济生水"。老和尚慢慢地苏醒过来，开口说话了:"我是庐山竹影寺的僧人,化缘经过此地,腹中饥饿,因而昏倒,蒙你搭救,感激不尽!"这时,周善人的老伴端来一碗莲子汤,送给老和尚。老和尚一端到嘴边,感到又香又鲜,几口就喝了下去,说:"我的食量大,这小小一碗莲子汤,还填不满我一个肚角,我一顿得要吃一斗白米哪!"

周善人一听,连声称赞:"海量,海量!何不早说?小店米饭还是有的。"说完又叫老伴煮来了一斗白米饭,老和尚很快又吃了个精光。

从此,这位老和尚就生活在周善人家里,一晃就是几个月。周善人把老和尚看成手足兄弟,他要什么就给什么。这一来,老和尚确实事事称心,样样如意,并且对周善人为渔民救苦救难的一片好心,看得一清二楚。

一天,老和尚对周善人说:"老施主,你乐善好施,果然名不虚传。不过,我吃了你许多东西,很过意不去。现在我准备走了,不知拿什么来答谢你好?"

周善人一口谢绝,说:"老方丈,这等小事,何足挂齿!你要是乐意,再住上几个月,我也欢迎!"

老和尚点点头说:"有恩不报,于心不安!"说着,就从一小布袋里拿出一双又结实、又美观的草鞋,草鞋的鞋尖上缀了一对大红花球,鞋两边还飘着闪亮的黄丝带。老和尚双手递草鞋给周善人:"收下吧!你穿上它,会福寿双全!"话音一落,他就向门外的天空用手一招,顿时,一只白鹤飞了过来。老和尚一脚跨上鹤背,挥手告别,往碧蓝蓝的天空飞去。

原来,这老和尚是位得道成仙的神人。自此,周善人出门治病,都穿上这双草鞋,真的走起路来轻便之极。夏天穿上脚不热,冬天穿上脚不冷。

这天黄昏时分,周善人吃过晚饭,门外突然响起"笃笃笃"的敲门声。他一听,知道是有要事的,便急忙起身开了门。一位年轻人一脚跨了进来,说:"我是湖对岸的打鱼人,我的妻子产后惊风,只有一口气未断。听说周先生是位神医,能起死回生,想请先生过湖,救救我的妻子!"周善人一听,随即背起药箱:"好,请带路!"

天越来越黑。周善人登上年轻人驾的小船,在大风大浪里划行。不一会儿,远处的湖湾上空忽然升起一朵乌云,接着闪电雷鸣,湖上黑得不见五指,一个小山似的浪头向小船扑来。年轻渔人手中的桨一下被折断了,小船被巨浪掀翻,周善人和年轻人在汹涌的恶浪中挣扎。在这危急的时刻,周善人脚下的草鞋脱落了,变成了两艘崭新的大木船。鞋上的红花球放射着红光,变成了一对红灯,把黑暗的鄱阳湖照得通亮。黄丝带变成了两条黄龙,紧紧贴在船的两边。落水的周善人和年轻人很快上了大船,船上的一对红灯指引着航向,乘风破浪,平平稳稳地航行。这时,在风浪中迷失航向的船只一见红灯笼,人们就欢呼着:"红船,红船!"红船向一只只颠簸在风浪中的船只驶去,使这些遭遇风险的船只平安驶到岸边。周善人也及时赶到了年轻人的家里,救活了他的妻子。

年轻夫妇从心底里感谢周善人的救命之恩。在交谈中,知道周善人老人无儿女,年轻渔人从小就失去了父母,便拜认周善人为义父了。

从此以后,这对青年夫妻驾着这对红船,奔忙在鄱阳湖的风浪里,搭救风浪中遇难的渔民。

后来,清朝的康熙皇帝经过鄱阳湖,遇到了风险,红船前去救驾。皇帝对红船非常赞赏,敕封为"救生红船",并下了一道圣旨:任何官府都不能动用。鄱阳湖上的"救生红船"就这样一代代地流传下来。

"安座"逸事

杨廷贵

在都昌的红白酒宴上,"安座"是一项十分重要的礼仪。

都昌民间的一应礼节完全有赖于延续下来的古风,细究起来十分繁复,稍有怠慢,便可能导致不愉快。

人不仅仅是自然的人,更多的是文化的人。

每每忆及乡间的往事,儿时的天真烂漫自是难以忘怀,而一年到头摊上的节日和节日里的那份喜庆,同样强烈地刻在我的心上。我想起了酒宴中最令人注目的安座仪式。

在一个村庄,安座往往是有辈分有地位又略通文墨的人的专利。在我们那个小小的村庄,大人中只有一个初中生并在当代课老师,照理应由他主持,可他出身"富农",而安座又属封建活动,他不便出面,便把这一套差事摊到了我的头上。我首次安座是十三四岁读小学六年级那阵儿,我显然是滥竽充数的角色。然而我很兴奋,觉得那是一种荣耀。譬如谁家娶亲嫁女,设十几二十桌酒菜,就必须有人致祝酒词。安座就是致祝酒词的一种演变。祝酒词的发布者变为"安座"的人,足见乡人对"安座"的高度重视,这是君臣父子的社会伦理秩序的具体化。任何一种文化成了芸芸众生的生活习惯,那就撼泰山易撼民心难了。

到了上酒菜的时候,比如新妇接进了家里,比如女儿出嫁全都准备妥当,催人赴宴的铜锣敲了三遍,桌椅、板凳乃至餐具全部摆好,亲戚们也一应到齐后,就开始安座次了。首先是鸣炮,多是拣最长的、带雷公的鞭炮燃放,安座的人就从门外走进门里,向诸亲六眷一躬,等炮声一落,就高着嗓门开始自己的祝词。在此之前,东道主和村里主事的人总是把我唤到一旁,郑重其事地交代正堂上四位和转堂上四位的人员名单,且反复核实无误后,才让我登场亮相。"安座"不可有分毫的错误,那秩序的严谨必须达到无可挑剔的程度。从东到西,正堂副堂,龙口虎口,舅公舅母等等,一个个煞有介事而严肃认真。在我们那里,主要注重的是正常的上四位。其实只要熟记了老传统,那大抵是不会错的。比如嫁女,东首席上座就是月老伴娇客,娇客就是新郎;西席上两位是"老根本"伴"新根本",即父亲的舅舅伴母亲的哥哥或弟弟。

天上的雷公,地上的舅公。凡办喜事,舅公总是坐上座。有句老话叫作"除了栗柴无好火,除了郎舅无好亲",这其实是对家庭主妇娘家人的一种特别尊重,也含有男女平等的意思。

有些家庭人员十分复杂,这就给安座带来一定的难度。家庭主妇的娘家如无兄弟,堂兄堂弟亦可,万一整个家庭也找不到合适的人选,或者因故不能出席,可以在那座位上搭一红布替代,他人是不能就座的。

我就遇到过一件麻烦事。二十年前,同村的一位堂弟的妹妹出嫁,我自然责无旁贷做这事了。令人犯难的是,这位老兄的母亲做过童养媳,除了亲兄弟外,还有养父母的儿子。我当时同这位堂弟的父亲(即我堂叔)商量,依照传统说法,即"养身父母大如天,生身父母丢一边",认为不应该让堂弟的亲舅坐主席,结果他一家人都不同意,必须安排亲舅坐上座。可以想象,那非亲舅有多愤怒,他当即怒气冲冲地离席出去,且丢了一块石头,谓之永不回头。可以想象当时我有多尴尬。俗话说,做事要依东,否则做死也无功。我作为东道主的代言人,我有什么办法呢?

我虽然对此十分气恼,但后来细细一想,乡人对此高度重视,并非他们愚昧,而是他们在既定的文化中强调自我存在的某种价值,这也是无可厚非的事情。

紫微驾临

程 芬

在都昌，不管是县城还是农村，凡是在盖新房上梁的时候，都要请当地最有名的写字先生，用大红纸书写"紫微驾临"四个大字贴在大厅正面四块照壁上方。盖新房为什么要挂上"紫微驾临"四个字呢？民间流传着很多传说。有姜太公强降九尾狐的传说，有乾隆下江南讨吃上梁酒的故事。在都昌，关于"紫微驾临"的传说故事有其独特的湖滩特色。

相传千余年前，鄱阳湖有个叫湖前村的大村落，大约四百余户人家，村里的老百姓世代过着饭稻羹鱼的恬静日子。每天早晨，渔民们出湖捕鱼，辽阔无际的湖面上帆影点点，渔舟片片。村子里有个打鱼高手叫旺龙，旺龙年近六十岁，生了两个儿子，大儿子新初，二儿子新茂。新茂三岁那年，娘就得血吸虫病死了。旺龙是既当爹又当妈地把两个孩子拉扯大。

日月如梭，转眼老大已经成人，旺龙望孙心切，几乎倾其所有，替老大娶亲成家了，很快便如愿生了孙子，可老二还是独身一人。老大一成家就和父亲、弟弟分开过了，不过仍然和父亲、弟弟一起住在祖上留下的三间老屋子里，老大住在东边，老二和父亲住在西边。后来，老大又接连生了两个孩子，而且都长大成人了，屋子不够住了。老二心地善良，也为哥哥家人丁兴旺高兴，便把整个屋子让出来给了老大，自己和老父亲在老屋旁边搭了个茅屋住下了。

老父亲旺龙年岁越来越高，长年累月风里来雨里去，患了严重的关节病，瘫瘫在床。老大的老婆是个非常厉害、刻薄的女人,自从老人和弟叔搬到茅屋住下后,几乎不到老人家屋里看一眼。老二白天出湖打鱼,晚上回来照顾老爹,拖着个残疾的老爹,没有哪个女人愿意嫁给他,一直到30多岁还是光棍汉。但他仍旧毫无怨言,任劳任怨地照顾父亲。老大是个妻管严,偶尔看一眼老爹,还得躲着老婆。后来他儿女多了,连每天看一眼老爹也顾不上,常常十天半月也不望一下瘫痪的老父亲。

斗转星移,旺龙瘫痪在床已有十年之久,老大的女儿出落得水灵灵的,嫁给了当地一个富豪,女儿给他换来不少彩礼。眼看祖上的老屋破旧不堪,旁边的茅屋更是漏风又漏雨,老大家便开始张罗新建一栋房子。待他们家的新屋盖成了,搬去新家后,老二的茅屋已摇摇欲坠,无法栖身,只好和老父亲商量着搬去哥哥不再住的祖上的旧屋居住。

新屋落成后,老大搬进了新居。老二带着老父亲搬进了老宅,虽说老宅比茅屋好些,但年久失修,天寒地冻时,屋里冷如冰霜。那天,瘫痪在床的老父亲对老二说:"细崽啊,是为父拖累你了。这么多年,你屋没有屋,老婆没有老婆,爹还不如早死了好。"老二安慰道:"爹,你不要这样想。娘死后,是你一把屎一把尿把我拉扯大,你吃的苦比湖水还多,儿子没能力让您过上好日子,是我不孝。"

老大夫妇的刻薄、狠心让湖前村人瞧不起。老二的善良、大孝让湖前村人高看一眼,村民都同情他。大家伙合计要帮助老二翻新一下老屋。于是,村里的好心人出力的出力,出钱的出钱,趁着农闲季节,帮老二家上山砍树,砌窑,烧砖,烧瓦,也主动来做义工,帮老二拆旧屋,盖新房,才二十来天的工夫,一栋新屋就要完工了。老二请私塾先生选定了上梁竣工的日子,还准备筹办几桌薄酒酬谢石匠、木匠和乡亲们。

可是,就在准备上梁的前一天晚上,老天突然雷声阵阵,暴雨如流。这下,所有的乡亲都为定好了吉日良辰上梁的老二担心。老二更是心忧如焚。这天

晚上，子夜已过，老二仍然没有入睡，心里一直在祈祷，求老天保佑他顺顺利利地上梁。也不知到了几更，迷迷糊糊中，老二梦到一个老人驾着一团紫气来到他面前。老人挥着手中的佛帚，在四张大红纸上龙飞凤舞地写下了"紫微驾临"四个大字，然后对老二说："你的孝心感动了天庭，玉皇大帝特派我下凡为你上梁祝贺！明日，有一伙叫花子要向你讨上梁酒喝，千万别怠慢了他们。"说罢，他便收起佛帚，驾起一道金光，凌空而去。老二以为自己花了眼，揉揉眼睛，他走出家门四处张望，不远处的湖面上晨曦微露，一团紫气像盛开的莲花冉冉升起，紫气渐渐散去，现出了万里晴空。

春光明媚，艳阳高照。吉时一到，众乡亲敲锣打鼓，将那"紫微驾临"四个大字贴在新屋正堂的照面上方，接着，燃放鞭炮，掀开新梁上的红布，祝梁贺彩，喜气洋洋、顺顺利利地将新梁架到了正厅的栋柱上。

就在这时，一伙蓬头垢面的叫花子用筷子敲着破碗走进了新屋。叫花子头头领头贺彩，众花子附和：华厦落成，吉日良辰！上苍垂怜，紫微驾临！恭贺！恭贺！尽管叫花子们贺的都是好彩，但乡亲们觉得有些不顺眼，要把他们轰出去。老二突然想起了昨晚梦里紫气老人说的话，赶忙拦住了乡亲，将花子们恭请上座，吩咐摆上酒菜，好生侍奉。酒过三巡，叫花子们醉醺醺地离席而去，边走边祝彩道：善人天佑，天地有心。王母赐福，贵人临门！乡亲面面相觑，不得其解。私塾先生给大家解释道："紫微是天上的星座，名曰'帝王星'。紫微驾临意味着湖前村要出帝王了。新茂，你家时来运转，有贵人登门啦！"

果然，两年后，老二和新娶的媳妇生了一个儿子。他俩的儿子长大后，成了威震吴楚的霸王，成了未能登基的皇帝。民间传说为"鄱湖洲上生霸王"。

紫微驾临的故事就这样在鄱阳湖边的都昌一代代流传下来。千家万户的百姓为了讨得好彩头，在建房上梁时，都要贴上"紫微驾临"四个大字。

栽 须 祭 船

詹玉新

都昌县是鄱阳湖上出名的造木船大县。有民谣说："鄱阳湖上船成行，十有九船是都昌。"

都昌造木船，始于公元前17年，汉武帝派灌婴率三千兵马在古彭蠡泽中追杀叛贼淮南王英布，追到南康府时，茫茫波涛挡住了去路。灌婴立即下令十天内在鄡阳（即现在的都昌）县打造一百艘木船。鄡阳县令不敢怠慢，下令全县所有木匠集结在老爷庙前的湖洲上突击造木船。可是，这些木匠只会造屋，没有一个会造船的。县令急坏了，给当时鄡阳县大木匠的掌门人甄木泰下了死命令：十天内造不出一百艘木船，你们统统要杀头祭湖！

传说甄木泰师承鲁班大师的徒弟伏羲，是鄡阳县内大名鼎鼎的木匠师祖，已传徒三代了。即便如此，十天内要造一百条木船，也实在有些难为他了。那时，水上航渡靠的是木筏和竹筏，木船还从未见过。徒弟们一个个眼巴巴看着师傅甄木泰。只见他不急不慌，冷静地琢磨一番后，胸有成竹地说："伙计们，都上山砍树去吧，回头我主墨，你们照墨做工就是了。"

甄木泰想：木筏能在水上航渡，如果仿照木筏将树木锯成长条的木板再拼成一个长形木底板，然后在底板上竖起三五道舱梁，在底板两边紧贴舱梁处牢牢钉上一根根长条的树干，打造出一个长形大木槽，再用油石灰将木槽拼接处的缝隙密封，配上双桨，不就可以载人了吗？就这样，甄木泰认真构想，精心描画墨线图；伙计们挥汗出力，认真施工。花了一天的工夫，还真的把一条从没见过的木船造出来了。

可是，试水航行那天，怪事出现了：在水面上划动双桨，新木船不但不向前行，而且还往后退，越奋力划桨，船后退得越快。这就怪了。甄木泰思忖了好一阵，接着下令将木船重新推上岸洲，前后左右，里里外外，仔细检查了几遍，终于，他发现船头的龙头横木上显出了两句咒语："湖神在天你不祭，划动双桨向后退。"甄木泰这才恍然大悟，大家一心想着赶时间造船，把谢湖神、祭新船的大事给忘了。

甄木泰于是赶紧命人敲锣放炮，焚纸上香，领着徒弟们朝湖跪拜。然后用红布带缠绕船体，高声祝彩，重新推船下水。

    湖神坐在新船中——好哇！

    双桨划动得顺风——好哇！

    推——船——咯！

从此，新造的木船下水前都要拜湖祭船，这就是"栽须祭船"。

"栽须祭船"的仪式别有一番生趣。

新船"顺调"（将船身正面朝上）摆正后，在船头披红挂彩，两个"将军苁"上各树一面黄色龙旗，大桅护夹板上竖着一根凤尾竹，竹竿中央用红绸带扎一面大铜镜。大桅前的"桅下舱"上摆一张八仙桌，桌上摆放着猪头、公鸡和红鲤"三牲"。造船的主墨师傅和两个徒弟分主次站立在八仙桌后。船头前舱上，一个手执大筛锣（也叫开头锣）的汉子站在两旗中间；后舱里放着一面大鼓，船老大手握鼓槌，立在鼓旁。

船头前方的草洲上铺一条长长的烂稀泥墩子路，叫"顺滑（发）路"，直通到湖岸边。用红布结成的拉绳将新船四周绕两圈，所有的男子汉手握红拉绳，分列在船体四周，原地待命。

辰时，"开头锣"敲三下，立时，鞭炮齐鸣，鼓乐喧天。两个徒弟挥起斧头，将准备好的七彩布条连同木钉同时砸进两个"将军凳"的底座里,名曰"栽龙须"。主墨师傅将公鸡的大红冠子掐破,将血滴在"将军凳"上,开声"祝彩",一唱众和:

　　三声开头锣——好哇!

　　正时吉利多——好哇!

　　三牲祭湖神——好哇!

　　"栽须"下龙河——好哇!

　　　………

"祝彩"完毕,师徒三人分别头顶"三牲",跑步奔向堰湖,将"三牲"抛入湖内,跪拜,焚纸,上香,鸣炮。

接着,敲响大鼓、筛锣,船老大引头唱响推船号子,所有参加推船的男子汉铿锵和声,一齐着力:

　　推——船——咯!

　　新船下水——嘿哟!

　　顺水顺开——嘿哟!

　　上水聚金银——嘿哟!

　　下水发人财——嘿哟!

　　　………

新船被推上了"顺发路",一路滑溜地溜进了湖水中。锣鼓、鞭炮响起,"栽须祭船"的仪式到此结束。

梦满梅枝总迎春

——代后记

转眼又是一年花落尽,片片纷飞的叶子残骸落入泥土,化作一缕生命的暗香。寂然辗转的时光把我们带进了浅浅的冬天。在这寒冷的冬天,追梦的脚步并没有停留。其实我们是同路人,都是追梦者。我们有一个共同的梦:竭尽全力编写、出版好《文化都昌丛书》。为了心中的目标,我们一样地义无反顾,一样地燃烧激情。如今,《文化都昌丛书》的编辑、校对工作已近尾声,丛书即将付梓与广大读者见面。这让我们心头涌起一阵阵温暖,仿佛春风拂面,梦满梅枝。

其实,出版《文化都昌丛书》是我们酝酿已久的事了。都昌是江西十大文明古县之一,受赣文化和鄱湖文化的影响,文化底蕴十分厚重。早在2017年的全县文化普查工作中,全县各乡镇就花了大力气,凝聚全力挖掘、搜集了大量有价值的文化资料,积累的素材数以万计,为编写《文化都昌丛书》打下了坚实的基础。在这里,我们对在文化普查工作中付出辛勤劳动和给予大力支持、配合的各级领导以及参与文化普查的工作者表示衷心的感谢,你们是梦满梅枝的奉献者。

编写《文化都昌丛书》是个系统工程,县委、县政府领导非常重视和支持,各部门、各单位全力配合,编写人员则呕心沥血地采访、编写,还有方方面面的人员提供相关稿件和精美图片。我们在丛书中采用的大量精美的彩色图片,一部分是本县摄影爱好者提供的,尤其是朱彼得、黄勇、杨帆等同志提供了很多有价值的照片;县政协、县档案局、县旅游局、县文化馆、县党史办、县志办等单位也为本丛书提供了大量的书稿资料和图片底片。特别值得一提的是，都昌文化界老前辈董晋同志把自己编写的历代名人歌咏都昌的诗词无私奉献给了本丛书，我们深表谢意。还有很多热心人对丛书的出版给予了关心和帮助。江西高校出版社从总编辑到责任编辑则对丛书进行了精细的编审，勘误了不少难以细说的误漏和差错。在此，我们郑重地对各位说一声："谢谢了！"

为了表达谢意，我们唯有尽量将丛书做得完美、厚重。我们采纳了一些同志的正确建议，在文字的组织上，尽量做到内容翔实、生动、鲜活，使其具有传承的价值；在图片的选择上，尽量选用有视觉冲击力、构图新颖、富有动感、色彩鲜明的图片；在素材的选择上，尽力保证素材典型、真实、不虚幻；在丛书的结构上，尽力做到严谨、完美。整体而言，我们尽力使本丛书达到图文并茂、设计新颖、包装精美的要求，从而使其具有长久的传承价值。

编书的过程是孕育的过程，犹如十月怀胎，出书则像一朝分娩。梅花香自苦寒来，梦满梅枝总迎春。回顾《文化都昌丛书》面世的过程，我们永远不会忘记付出辛勤汗水的追梦人和鼎力相助的筑梦者。是你们用最美的语言书写生活的点滴，谱写出最美的音符，留下光阴故事里最寻常的足迹。

《文化都昌丛书》编辑委员会

二〇一九年一月八日